중1 엄마가 꼭 알아야 할
생활관리 45

북오션은 책에 관한 아이디어와 원고를 설레는 마음으로 기다리고 있습니다. 책으로 만들고 싶은 아이디어가 있으신 분은 이메일(bookrose@naver.com)로 간단한 개요와 취지, 연락처 등을 보내주세요. 머뭇거리지 말고 문을 두드리세요. 길이 열릴 것입니다.

중1 엄마가 꼭 알아야 할 생활관리 45

초판 1쇄 인쇄 | 2015년 3월 16일
초판 1쇄 발행 | 2015년 3월 20일

지은이 | 이지은
펴낸이 | 박영욱
펴낸곳 | (주)북오션

경영총괄 | 정희숙
편 집 | 지태진
마케팅 | 최석진 · 임동건
표지 및 본문 디자인 | 서정희
법률자문 | 법무법인 광평 대표 변호사 안성용(02-525-3001)

주 소 | 서울시 마포구 서교동 468-2
이메일 | bookrose@naver.com
페이스북 | bookocean
전 화 | 편집문의: 02-325-9172   영업문의: 02-322-6709
팩 스 | 02-3143-3964

출판신고번호 | 제313-2007-000197호

ISBN 978-89-6799-194-4 (13370)

이 도서의 국립중앙도서관 출판예정도서목록(CIP)은 서지정보유통지원시스템 홈페이지(http://seoji.nl.go.kr)와 국가자료공동목록시스템(http://www.nl.go.kr/kolisnet)에서 이용하실 수 있습니다. (CIP제어번호: CIP2015003809)

* 이 책은 북오션이 저작권자와의 계약에 따라 발행한 것이므로 내용의 일부 또는 전부를 이용하려면 반드시 북오션의 서면 동의를 받아야 합니다.
* 책값은 뒤표지에 있습니다.
* 잘못 만들어진 책은 구입하신 서점에서 교환해 드립니다.

중1 엄마가 꼭 알아야 할 생활관리

이지은 지음

북오션

머리말

　학습법 전문가로 일한 지도 벌써 10년이다. 그동안 만난 다양한 아이들, 그 부모들의 이야기는 어느 하나 똑같은 것이 없었으며 매번 새로운 공붓거리를 안겨주곤 했다. 공통점이 있다면 아이들은 자신의 문제가 무엇인지 명확하게 결론내리지 못한 채 공부와 진로, 부모와의 갈등 속에서 허우적거리는 경향이 많고, 부모들은 매우 구체적이고 현실적인 질문을 가지고 온다는 점이다. 특히 엄마들이 그렇다. 예를 들겠다.
　언젠가 학부모를 대상으로 아침 식사의 중요성에 대해 강의를 했는데 강의가 모두 끝난 후 질의응답 시간에 이런 질문이 가장 먼저 나왔다.
　"아침에 뭘 먹이면 좋을까요? 우리 애들은 매일 시리얼에 우유를 말아 먹거든요. 계속 그렇게 먹어도 괜찮을까요?"

아침 식사가 뇌 활동에 어떤 영향을 미치는지, 성적과는 어떤 상관관계가 있는지, 꼭 필요한 영양소는 무엇인지와 같은 논리적인 설명보다 엄마들은 '내 새끼가 무얼 먹으면 좋을까'가 더 중요한 것이다.

엄마란 그런 존재다. 자녀의 가장 가까이에서 자녀의 필요와 불안을 제일 먼저 느끼는 사람이다 보니 자녀의 필요와 불안이 해결되지 않으면 무엇보다 자신이 괴롭고 또 아이에게 미안해진다. 그러니 엄마들의 질의 내용이 구체적이고 실제적이며 날카로울 수밖에 없다.

아이가 초등학교를 졸업한 뒤에도 아이의 생활을 일일이 챙기고 위험하고 나쁜 것으로부터 아이를 보호하고 싶은 마음은 굴뚝 같겠지만, 명심할 것이 있다. 그것은 초등학교 때처럼 공부와 생활의 면면을 소상히 챙기는 것만이 능사가 아니라는 사실이다. 오히려 아이에게서 손 떼는 연습을 해야 하며, 지켜보고 기다리는 태도가 몸에 배야 한다. 그래야 그 무섭다는 '중2병'도 예방된다.

아직 모든 면에서 서툰 아이를 도움이 필요한 적당한 시점까지 모른 척 지켜보는 것은 분명 '엄마가 해줄게'라고 말하는 것보다 힘든 과정이다. 하지만 반드시 그렇게 해야 한다. 그래서 자녀의 사춘기는 아이만큼이나 부모에게도 큰 변화가 필요한 시기다. 그 시작점이 바로 중1, 만 13세가 되는 무렵인 것이다.

아이의 성장 과정에서 어느 한순간 중요하지 않은 때가 없지만, 그중에서 특히 중1의 의미가 큰 이유는 세 가지로 요약할 수 있다.

첫째, 중1은 학교의 급이 바뀌며 중등교육 과정이 시작되는 학년이다. 따라서 고등학교까지 앞으로 6년간 공부해야 할 기반을 다지기 위해 예습·복습 습관, 학교생활, 시험공부 요령, 시간 관리 등 안정적이고 규칙적인 공부의 틀을 몸에 익혀야 한다.

둘째, 만 13세는 이성적 사고의 중추인 전두엽이 폭발적으로 성장하기 시작하는 때다. 초등학교 교육과정에서 따라 하고 반복하는 학습 방식의 비중이 높았던 것은 아이들의 두뇌가 아직 깊은 사고를 할 만큼 성장하지 못했기 때문이다. 전두엽의 성장이 빨라진다는 것은 생각하는 공부가 가능해진다는 의미다. 아직 미숙한 단계이기는 하나 그래도 깊이 생각하는 공부에 익숙해지는 때가 만 13세 무렵이다.

셋째, 만 13세가 되면 사춘기가 본격적으로 시작된다. 몸이 자라고 두뇌가 자라는 사춘기의 엄청난 성장은 엄청난 잠을 동반한다. 게다가 활발히 분비되는 성장호르몬이 감정중추인 편도를 자극해 아이들은 자신의 의도와 상관없이 매우 심한 감정의 기복을 경험할 수밖에 없다. 이 상황에서 친구들을 사귀고 공부를 하며 진로에 대한 고민을 하는 중1들은 철없는 겉모습과 달리 속으로는 우울함과 외로움이 쌓여간다. 이것이 '중2

병'의 씨앗이다.

중1의 의미가 이토록 크다면 엄마 입장에서는 그저 잔소리만으로 1년을 보낼 수는 없다. 그렇다고 마냥 믿고 기다리자니 속이 터져나갈 것이다.

저자로서 나는, 이 책이 모든 엄마들에게 요긴한 도우미 역할을 해주길 바란다. 그간의 유사한 책들이 학습에만 치우쳐 있었다는 엄마들의 아쉬움을 해소해주고도 싶다. 그래서 중1 학부모들이 가장 궁금해하는 선행학습과 중학교 공부에 대한 내용도 이야기하겠지만, 〈생활관리〉편에서는 공부의 기반이 되는 학교생활, 진로 고민, 정서 관리에 대한 이야기에 초점을 둘 것이다. 엄마들이 부딪히는 건 그 아이의 총체적인 모습이지 공부에만 한정되지 않기 때문이다.

내가 만난 엄마들과 아이들의 눈빛을 떠올리며 가능한 실제적이고 구체적인 내용을 쓰려 한다. 그들이 나와 상담하며 고개를 끄덕이고 안도의 숨을 내쉬었던 내용을 독자들도 읽게 될 것이다. 내용 중에서 '이건 나와 안 맞아'라고 판단되는 부분이 있다면 과감히 넘어가자. 책과 다르더라도 내 아이가 편해하고 잘 통하는 방법이 있다면 그게 진리다.

중1, 그 설레고 중요한 시기를 모든 아이와 엄마들이 행복하고 지혜롭게 넘어가길 응원한다.

이지은

차 례

생활관리편

머리말

Part 1 중1의 부모는 달라야 한다

- **01** 무엇이 부모인 나를 힘들게 하는가   19
- **02** 지금 나는 무슨 생각으로 아이를 키우고 있나?   26
- **03** 자녀의 성적에도 영향을 미치는 부모 역할   32
- **04** 강점을 키우는 교육을 하자   38
- **05** 아들과 딸은 공부 방법이 달라야 한다   50
- **06** 부모가 주는 부담에서 벗어나고 싶은 아이들   56

Part 2 입학 후 생활 전략이 중학교 3년을 좌우한다

07 낯선 환경, 위축되는 아이들　65
08 등교 첫날의 최대 고민　71
09 아이가 왕따 당하면 어쩌지?　77
10 선배들은 무섭지 않을까?　83
11 당신의 아이도 선생님이 눈여겨보는 학생이 될 수 있다　89
12 천태만상 중1 교실, 우리 아이는?　95
13 과목별 수업 운영 방식 파악하기　101
14 과목별 수업 내용 제시 방식 파악하기　105
15 문제집, 잘못 사면 공부 부담만 키운다　110

Part 3 공부가 쉬워지는 학교생활

16 학교 수업을 100% 활용하는 성공 원칙　119
17 학교 행사 참여, 결국 아이가 덕을 본다　125
18 반장을 해도 괜찮을까?　131
19 '스스로 알림장'은 자기관리의 든든한 초석이다　137
20 자유학기엔 시험이 없다　142
21 수행평가, 우습게 보지 말자　149
22 티끌 모아 태산, 쉬는 시간 활용법　156
23 방과후학교로 알짜배기 공부하기　161

 **Part 4 성적 잡고 행복 잡는 중1 생활 수칙**

24 아침마다 두뇌에 밥을 주자   169
25 10분 아침 공부의 힘   174
26 밤이 깊을수록 초롱초롱해지는 아이들   179
27 공부가 좋아지는 공부방 만들기   183
28 방 청소, 책상 정리 어디까지 해줘야 할까?   189
29 이놈의 스마트폰, 어떻게 할까?   194
30 아이에게 맞는 시간 관리법   199
31 점수와 돈에 대한 바른 태도를 가르치자   205

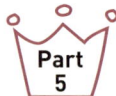 **Part 5 중학교 3년이 풍요로워지는 진로·진학 가이드**

32 "꿈을 몰라요"에 숨은 아이들의 속마음   213
33 꿈과 직업의 차이를 알게 하자   219
34 아이가 소질 없는 분야를 하고 싶다고 하면 어떻게 할까?   226
35 꿈에 대한 간절함이 없는 아이들   233
36 아이가 "대학에 꼭 가야 하느냐"고 묻는다면   238
37 미리미리 고입 전략 1 목표 고등학교 정하기   244
38 미리미리 고입 전략 2 전형요강 살피기   250
39 미리미리 고입 전략 3 제출 서류 분석하기   257

Part 6 가시밭 같은 사춘기, 통증 없이 지나가기

40 초등학교 때는 안 그랬는데…… 269

41 내 마음대로 안 되는 아이들 274

42 엄마 아빠에 대한 불만이 가득한 아이들 280

43 중2병이 두렵다? 알고 나면 가엾다 286

44 아이의 이성 친구 교제, 허락해야 할까? 292

45 멋 부리는 것은 나를 소중히 여기는 즐거움 299

맺음말

차 례

학습관리편

머리말

Part 1 중학교 입학 전 학습 준비

- 01 예비 중1 엄마들의 주요 고민 3가지
- 02 선행학습에 대한 착각
- 03 선행학습에 대한 압박감, 이젠 좀 덜어질까?
- 04 입학 전 겨울방학, 나만의 공부를 즐기자
- 05 중학교 가면 정말 성적 떨어지나?
- 06 배치고사 준비에 학원까지?
- 07 늘어나는 학습량 때문에 힘들어해요
- 08 혼자 공부하던 아이, 학원에 보내야 할까?

자기주도학습이 가능해지는 방과 후 학습 관리

- 09 자기주도학습에 대한 오해들
- 10 부모의 태도 변화가 먼저다
- 11 숙제는 하교 후 바로
- 12 스스로 정한 공부를 시작하자
- 13 오늘 배운 것은 오늘 복습한다
- 14 매일 예습으로 수업에 대한 집중도 높이기
- 15 주말에는 보충 공부와 휴식을
- 16 스스로 학습 계획을 작성하자
- 17 주간 학습 계획 예시

성적이 점점 좋아지는 중1표 시험 전략

- 18 시험공부는 언제부터 하나요?
- 19 과목별 체크 포인트
- 20 시험 1주 전부터 시험 기간까지
- 21 실망스러운 첫 시험
- 22 시험 후 학습 관리
- 23 시험지에 바로 하는 오답 복습
- 24 보상과 벌은 이렇게
- 25 공부는 꾸준히 하는데 시험 결과는 별로예요

 **Part 4 한 단계 성장하는 방학 중 학습 계획**

26 다양하고 긍정적인 경험으로 전두엽을 자극하자
27 몸을 움직이면 인지능력이 좋아진다
28 취약 부분 복습으로 1학기 총정리하기
29 잘하는 과목을 살릴까, 못하는 과목을 보충할까?
30 스스로 선행학습 1 공통 사항
31 스스로 선행학습 2 과목별 학습법
32 만만치 않은 방학 숙제, 어떻게 도와줄까?
33 개학 준비

 **Part 5 사교육이라는 학습 도구 현명하게 활용하기**

34 사교육에 대한 바른 태도
35 어떤 학원이 좋을까?
36 예체능 학원은 당연히 그만둔다?
37 친구 따라 학원 간다는 아이
38 인터넷 강의 활용하기 1 강의 선택 및 수강 계획
39 인터넷 강의 활용하기 2 학습 효과 높이는 강의 듣기
40 전략적으로 과외 활용하기
41 아이에게 맞는 과외 선생님 찾기
42 학원 의존증을 조심하자

 **공부 습관 불변의 법칙**

43 학습 효율을 높이는 4가지 기본 원칙
44 공부가 하고 싶어지면 한다고?
45 한 번에 하나씩
46 음악 들으며 공부해도 괜찮을까?
47 집중 시간 파악하기
48 집중 토막 공부 실천하기
49 독서실 활용은 짧고 굵게
50 독서실이 유익한 아이, 독서실이 해로운 아이
51 집중력을 높이는 공부법

맺음말

좋은 부모란 완벽한 부모가 아니다. 자녀 앞에서 완벽하지 않음을 인정하고 솔직함을 가르치는 부모가 좋은 부모다. 잘 키워야겠다는 부담이나, 부모로서 어느 정도는 해야 한다는 자존심은 당신을 더 상심하게 만들 뿐이다. 지금보다 좀 더 좋은 부모가 되고 싶다면 무엇이 나의 부모 노릇을 힘들게 하는지 알아야 한다. 노력할 수 있는 것은 노력하고, 해결할 수 없는 것이면 그대로 받아들이는 지혜가 필요하다.

Part 1

중1의 부모는 달라야 한다

01
무엇이 부모인 나를 힘들게 하는가

> 사람은 누구나 불완전하다. 완벽한 부모도 없다. '완벽한 자녀 교육'은 어차피 불가능한 일이니 하루라도 빨리 무엇이 나의 부모 노릇을 힘들게 하는지 알아야 한다. 노력할 수 있는 것은 노력하고, 해결이 불가능한 것이면 그대로 받아들이는 지혜가 필요하다.

무엇이 부모 역할을 힘들게 하는가

자녀교육은, 특히 다 큰 사춘기 녀석들을 키우는 것은 만만한 일이 아니다. 어렸을 때야 예뻐하고 맛있는 것 사주면 그만이었지만, 이제는 그것으론 통하지 않는다. 뭔가 복잡하다. 이전에는 아이 앞에서만 좋은 모습을 보이면 됐지만, 지금은 가족의 삶을 변화시키지 않고서는 아이를 가르칠 수 없다. 게다가 수시로 솟구치는 학교성적에 대한 욕심은 또 어떤가! 때마다 밥이며 간식이며 챙겨야 하는 것도 숨이 차고, 한마디도 지지 않는 아이의 말대꾸를 들으며 쌍욕을 참은 적도 있었을 것이다. 그리고 마음속으로 호소하듯 이런 질문을 했을 것이다.

'무엇이 자녀교육을 힘들게 하는가? 부모 역할의 가장 큰 문제점은 무엇인가?'

사실 이 질문은 자녀교육에 대한 강의나 책으로 정답을 접하기 전에 스스로 생각해야 할 문제다. 잠시 책을 덮고 나는 무엇 때문에 부모 노릇이 힘든지 생각해보자. 흰 종이에 떠오르는 대로 적어보자.

아래 목록은 초중고 자녀를 둔 학부모들에게서 받은 대답들이다. 물론 중복되는 항목도 많다. 당신의 목록은 어떠한가?

기대 높음, 욕심   자신감 부족
비교   주관 없음   아이 말을 끝까지 듣지 못함
말하는 톤 조절   귀 얇음   신뢰, 인정
직선적·지시적 말투 일관성   잔소리
참을성, 화, 버럭 부지런하지 못함   신경질
지식, 정보 부족   밥 챙기기   강요, 틀에 가둠
독서 지도   바쁜 엄마
습관 잡기   착한 엄마 콤플렉스

집중력	부모 역할 부담
흐트러진 자세	성격 차이
미룸	내 마음을 몰라주는 아이
휴대폰	근심, 걱정
게임	공감대 형성, 아이 마음 이해
말 많음	조바심, 조급함, 기다리지 못함

이제부터 시작이다. 문제를 해결하느냐 마느냐보다 내가 무엇 때문에 힘든지를 인식하는 것이 더 중요하다. 그것을 전제로 이 책의 모든 내용을 읽어나가야 하며 실천할 것과 할 수 없는 것, 더 잘할 수 있는 것들을 분별해야 한다.

부모 자신의 문제 vs 아이와 부딪히는 문제

위의 목록을 한참 들여다보니 각 항목들 간에 공통 요소가 보인다. 어떤 것들은 부모 자신의 문제고 어떤 것들은 아이와 부딪히는 문제다. 즉 문제의 원인은 모두 내 안에 있는데 어떤 것은 아이가 있건 없건 문제가 되고, 어떤 것은 아이로 인해 시동이 걸리거나 더 심해지는 것이다.

- 부모 자신의 문제
  - 자신감 부족 / 주관 없음 / 귀 얇음 / 일관성
  - 부지런하지 못함 / 밥 챙기기 / 바쁜 엄마 / 착한 엄마 콤플렉스 / 부모 역할 부담
  - 성격 차이 / 내 마음을 몰라주는 아이 / 근심, 걱정

- 아이와 부딪히는 문제
  - 말 많음 / 신경질 / 잔소리 / 조바심, 조급함, 기다리지 못함
  - 강요, 틀에 가둠 / 기대 높음, 욕심 / 비교
  - 지식, 정보 부족 / 독서 지도 / 습관 잡기 / 집중력 / 흐트러진 자세 / 미룸 / 휴대폰 / 게임 / 만화
  - 말하는 톤 조절 / 직선적·지시적 말투 / 참을성, 화, 버럭
  - 아이 말을 끝까지 듣지 못함 / 공감대 형성, 아이 마음 이해 / 신뢰, 인정

당신이 적은 목록은 어떤가? 위의 사례처럼 부모 자신의 문제와 아이와 부딪히는 문제로 나누어보자.

완벽한 사람은 없다, 고로 완벽한 부모도 없다

부모 자신의 문제, 아이와 부딪히는 문제 중 어느 것이 더 해결하기 쉬울까? 바로 후자다. 완전한 해결은 어렵더라도 조절하며

노력하고 횟수를 줄일 수는 있다.

하지만 부모 자신의 문제는 그렇지 않다. 그냥 '나'라는 사람이 가진 한계이기 때문이다. 인간은 불완전한 존재이니 그 불완전함 중 어떤 요소가 자녀교육에 영향을 미치는 것은 당연하지 않겠는가. 예를 들어 착한 사람 콤플렉스가 있는 사람은 엄마 노릇을 할 때는 착한 엄마 콤플렉스 때문에 속이 터질 것이고, 직장생활을 할 때는 착한 동료 콤플렉스 때문에 일에 치일 것이다.

좋은 부모란 완벽한 부모가 아니다. 자녀 앞에서 완벽하지 않음을 인정하고 솔직함을 가르치는 부모가 좋은 부모다. 그러니 당신이 적은 목록에 '부모 자신의 문제'에 해당하는 것이 많다면 자책하지 말고 오히려 마음을 편히 먹자.

나는 내 자녀를 양육하기에 가장 적합한 사람이다

이렇게 당신이 지닌 문제가 많음에도 이 우주에서 당신의 자녀를 양육하는 데 가장 적합한 사람은 놀랍게도 바로 당신이다. 아이와의 성격 차이 때문에 힘들어 죽겠는가? 아이는 일상에서 자신과 성격이 다른 부모를 겪으며 자신과 다른 사람과 관계 맺는 법을 배운다. 그렇게 아이는 부모와의 일상을 통해 별별 사람들이 다 사는 세상을 살아갈 준비를 하는 것이다.

'내가 저 아이의 부모'라는 사실에 자부심을 갖자. 잘 키워야겠다는 부담이나, 부모로서 어느 정도는 해야 한다는 자존심은 당신을 더 상심하게 만들 뿐이다. 아이 입장에서 보면 부모는 배고프면 제일 먼저 찾는 사람, 속이 상하면 가장 먼저 투정을 부리는 사람, 무서운 일을 당하면 제일 먼저 부르는 사람 등 절대적으로 기댈 사람이다. 이 넓은 세상에서 아이의 부모가 바로 나라는 사실이 기막히지 않은가. 내 아이는 나를 그렇게 대단한 존재로 만들었다.

그 아이가 중학교에 간다고 해서 달라질 것은 없다. 아이를 가졌을 때 임신과 출산에 대한 책을 보았듯 아이가 중학교에 가니 그에 맞는 책을 보고 새로운 것을 배우면 된다. 책대로 되지 않더라도 괜찮다. 지금까지 그랬으니까. 그리고 아이와 엄마 모두 잘 해낼 것이다. 지금까지 그랬으니까.

 엄마의 스트레스가 고스란히 아이에게 전달됩니다

중1 아들이 있습니다. 남편을 비롯해서 아이의 큰아빠, 작은아빠들은 공부를 아주 잘했습니다. 현재 직업도 대단하고요. 그래서 아이들에 대한 기대도 커요. 서울대는 당연히 가는 건 줄 알고, 반에서 1등 정도는 공부 안 해도 당연히 하는 줄 압니다.
아이들이 어렸을 때는 명절에 식구들이 모이면 어른들이 고만고만한 아이들을 보고 '김 장관', '닥터 김'이라고 부르곤 했어요.

아이들 학년이 점점 올라가자 명절이 무서워졌습니다. 아이의 사촌들이 얼마나 공부 잘하는지를 듣는 것도 힘들고요. 우리 아이가 공부를 못하는 편은 아니지만 무슨 경시대회마다 상을 휩쓸어 오는 사촌들 이야기를 들으면 힘이 빠집니다.

남편은 애를 그냥 내버려두면 어떻게 하느냐고 저를 나무랍니다. 초등학교까지는 이 학원 저 학원 남들 하는 만큼은 다 했는데 중학교에 가자 아들이 모든 것을 거부하더군요. 아이가 받은 스트레스가 컸는지 어릴 때 잠시 있었던 틱장애가 다시 보이고 거짓말도 심해졌습니다. 명절이 다가오면 저처럼 아이도 짜증을 내고, 시험을 앞두고는 설사를 했습니다. 상담을 받으니 엄마의 스트레스가 아이에게 그대로 전달된 것이라고 합니다.

그 말을 듣고 겁이 덜컥 나서 제가 먼저 살려고 애를 썼습니다. 남편에게도 더 이상 자존심 때문에 나와 아이를 힘들게 하지 말라고 선언했어요. 그리고 아이에게는 하고 싶은 만큼만 공부를 하라고 했습니다. 저도 수영을 다니고 문화센터에 다니며 아이에게 집착하지 않으려고 노력했지요. 그랬더니 틱장애가 사라지고 거짓말도 줄었습니다. 공부는 전혀 안 하는 것 같은데 성적은 오히려 올랐어요.

엄마가 편해져야 아이도 편해집니다. 아이들은 엄마의 상태를 아주 정확하게 느껴요. 문제가 무엇이든 엄마가 먼저 자유로워지세요. 아이들은 그대로 따라옵니다.

02
지금 나는 무슨 생각으로
아이를 키우고 있나?

> 사람마다 사는 방법이 다르듯 자녀 양육법도 다르다. 그것이 자연스럽고 옳다. 문득 '내가 지금 잘하고 있나?' 하는 의문이 든다면 먼저 자신의 마음을 살피자. 지금까지 진실하게 욕심 없이 자녀를 대해왔다면 양육 방식이 어떠하든 큰 문제는 없다. 무언가 잘못되었다고 생각되면 바로 아이에게 털어놓자. 엄마의 솔직한 모습을 보고 아이들은 자존감을 키우며 더 좋은 방법을 찾는다.

엄마의 마음속 단단한 기준이 정답이다

나름의 규칙을 정해놓고 학원이며 학습지며 야무지게 잘 챙기는 엄마라도 문득 '내가 지금 잘하고 있나?' 하는 생각이 들며 가

슴이 덜컥 내려앉을 때가 있다. 공부 잘하는 것만 신경 쓰다 보니 아이가 이기적이고 세상 보는 눈이 좁은 건 아닌지 걱정이 든다. 반대로, 억지로 공부를 시키는 것이 잔인하게 생각돼 아이를 실컷 놀게 한 엄마들은 어느 날 문득 '공부할 시기를 그냥 지나치는 것은 아닌지' 겁이 나기도 한다.

인생이 그렇듯 자녀교육에 어디 답이 있던가. 부모, 특히 엄마 마음속에 있는 단단한 기준과 철학이 정답이다. 학교 교육은 획일적일 수 있지만 엄마 교육은 그럴 수 없다. 지금 학원을 보내고 있다면 그 학원을 왜 보내는지, 그 공부가 왜 필요한지를 아이에게는 물론 스스로에게 자신 있게 설명할 수 있어야 한다. 그렇게 확고한 답이 엄마의 마음속에 있어야 술렁이는 주변의 말에 흔들리지 않을 수 있다.

공부는 때가 되면 스스로 하는 것이지 엄마가 다그친다고 될 일이 아니라고 생각하는가? 그렇다면 그게 정답이다. 그렇게 생각하는 엄마들은 아이를 다그치는 것 자체가 스트레스이며, 괜히 억지로 아이에게 공부를 시키려다 아이와 다툼만 더 커진다.

혹은, 지금 힘들더라도 공부는 해야 할 때 하는 것이며 공부하다 받는 스트레스는 또 다른 방법으로 풀어주면 된다고 생각하는가? 그렇다면 그게 정답이다. 이렇게 생각하는 엄마들은 아이를 자유롭게 두는 게 본인에게 더 심한 스트레스가 되며, 아이를 쉬게 하려다가도 불안한 마음에 끊임없이 잔소리를 늘어놓게 된다.

구체적인 방법이 무엇이든 자녀 양육에 대한 기본적인 흐름과 방향은 엄마의 마음속에 있어야 한다. 엄마가 그런 결정을 내린 이유를 아이에게 설명해줄 수 있어야 하며, 그러기 위해서라도 엄마는 많이 고민하고 책을 읽고 깊은 생각을 해야 한다.

자녀 양육 태도는 부모가 삶을 대하는 태도에서 비롯된다

부모가 자녀를 양육하는 태도는 아이에게 직접적인 영향을 미친다. '내가 아이를 잘못 키우고 있나?' 하며 불안해하는 부모를 보며 자란 아이는 '난 무언가 잘못된 아이다. 난 온전하지 않다'고 생각한다. 따라서 자녀 양육에 대한 부모의 확고한 기준이 무엇보다 중요한데, 그것이 어느 날 '난 이렇게 아이를 키워야지'라고 다짐한다 해서 그대로 되는 게 아니다.

사실 많은 부모들이 '지금 내가 무슨 생각으로 아이를 키우고 있는지 나도 잘 모르겠다'고 혼란스러워하지만, 자녀 양육 태도에는 부모의 인생관, 철학, 성격, 기질이 그대로 반영되어 있다. 유별스럽게 자녀 양육에 대해서만 특별히 다른 기준을 가질 수 없다는 얘기다. 내가 지금까지 어떻게 살아왔나, 내가 인생을 대하는 태도는 어떠한지를 살펴보면 자연스럽게 자녀 양육에 대한 큰 흐름도 잡힌다.

어떤 일을 할 때 목표를 정하고 일정과 할 일을 구체적으로 계획하는 편인가? 그렇다면 자녀 양육도 그렇게 하고 있을 것이다. 하지만 사춘기를 지나고 있는 중1 자녀에게는 엄마가 실천해 효과를 본 방법만 알려주어야 하며 엄마가 짠 계획표에 자녀를 집어넣으려 해서는 안 된다. 이런 유형의 부모를 둔 아이들 중에는 "숨이 막혀 살 수가 없다", "엄마 말대로 하지 않으면 실패자가 될 것 같다", "시험을 못 보면 엄마가 속상해할 게 더 걱정이다"라고 말하는 아이가 많다.

반대로, 인생이란 마치 사랑처럼 자연스럽게 이루어지는 것이며 바쁘게 살기보다 매 순간 행복을 느끼며 사는 게 더 소중하다고 생각하는 부모는 자녀 교육도 그렇게 하게 된다. 하지만 아이를 방치하지는 말자. 삶의 아름다움을 이야기하되 엄마의 구체적인 도움이 필요할 때는 언제든지 요청하라고 분명히 말해주어야 한다. 이런 유형의 부모를 둔 아이들은 "엄마는 나에게 관심이 없다", "날 포기했나 보다", "난 학원 다니고 싶은데 엄마는 그런 데 갈 필요가 없다고 한다"는 불만을 말하곤 한다.

잘못한 것은 사과하자

부모 역할에 능수능란한 사람이 어디 있겠는가? 열 명의 자녀를 키워도 열 명 다 제각각이어서 한 명 한 명 키울 때마다 처음 키우는 아이처럼 대해야 한다. 만일 '내가 지금 잘하고 있나?' 하는 고민 끝에 아이에게 무언가 잘못한 것이 생각나거든 바로 사과하자. '나만 아는 거지, 아이가 알겠어?' 하며 그냥 넘어가려 해서는 안 된다. 아이가 구체적인 사실을 모를 수는 있겠지만 엄마의 표정, 집안 분위기가 이상하다는 것은 민감하게 느끼기 때문이다.

일하느라 바빠 아이의 일상을 챙기지 못한 것, 동생과 비교하며 말한 것, 친구들 앞에서 아이를 꾸중한 것, 갑자기 이사를 해 아이를 힘들게 한 것 등 이미 돌이킬 수 없는 일들이라도 엄마의 미안한 마음을 전달하면 아이는 충분히 위로를 받는다.

엄마의 솔직한 모습을 통해 아이는 잘못을 인정하는 것이 참으로 멋있고 따뜻한 일임을 배운다. 그렇게 감동을 받은 아이는 엄마 앞에서 자신의 잘못을 거짓 없이 인정할 줄 아는 사람으로 자라게 된다.

 **아이들이 저보다 현명합니다**

연년생 두 아들을 키우는 엄마입니다. 아이들이 4학년, 5학년 때까지만 해도 빡빡하게 시간표를 짜놓고 수학, 영어, 논술, 과학, 수영, 태권도 학원을 돌렸어요. 애들을 그렇게 키우면 안 된다는 어른들 말씀도 있었지만 아이들 모두 잘 따라왔기 때문에 뭐 하나 그만두기가 싫었습니다.

그러다 자녀 교육에 대한 어느 스님의 강의를 듣게 되었어요. "엄마가 욕심에 눈이 멀어 애들 마음을 볼 줄 모른다"는 말씀에 가

슴이 철렁했습니다. '내가 지금 뭘 하고 있나', '우리 애들 마음은 어떻게 되어 있나' 하는 후회에 그날 집으로 돌아가 아이들에게 너희가 다니고 싶은 학원만 다니고 싫으면 안 다녀도 된다고 선언했습니다. 평소 착실했던 아이들이라 "괜찮아요, 그냥 다닐래요" 할 줄 알았는데, 예상외로 펄쩍펄쩍 뛰며 좋아했습니다. 다시 한 번 제가 큰 잘못을 하고 있었다는 걸 깨달았지요.

두 아이 모두 수영 말고는 다 그만두었습니다. 시간이 많아진 아이들은 책도 읽고 간식도 천천히 먹어요. 그러면서도 숙제며 공부를 알아서 합니다. 점수가 떨어지면 다시 학원에 다녀야 하니까 그게 싫어서 열심히 한대요. 쉴 틈 없이 바쁜 생활이 아이들에게 얼마나 가혹했을까 마음이 아팠습니다. 마지막까지 '이제 곧 중학생이 될 텐데' 하는 걱정을 놓지 않고 있었던 제가 부끄럽기도 했고요.

중학교 진학 후 두 아이 모두 잠도 더 많이 자고 더 많이 놀지만 성적은 떨어지지 않습니다. 책임감 있게 공부하는 아이들이 고마울 따름이지요.

무언가 잘못되었다고 느껴지면 아이들 앞에 털어놓으세요. 자신의 행복한 성장에 대해 아이들은 부모보다 더 잘 알고 있습니다.

03
자녀의 성적에도 영향을 미치는 부모 역할

> 사람은 환경의 영향을 받을 수밖에 없다. 특히 가정과 부모의 영향은 직접적이어서 모든 면이 아이를 형성하는 바탕이 된다. 커가면서 노력의 비중이 더 커지지만 어린 시절에는 성적마저도 환경의 산물이라 여겨질 정도다. 특히 감정 조절, 언어 사용, 독서 습관, 규칙적인 생활은 사춘기 이후에도 자녀의 성적에 영향을 미친다.

감정(정서) 조절 능력

초등학교 때까지 공부를 잘하던 아이도 중학교에 가서는 휘청거리는 경우가 많다. 이것은 우리나라의 교육제도가 이상해서도 아니고, 아이의 학습 능력이 갑자기 떨어져서도 아니다. 중학교에 올라간 아이의 성적이 요동치는 것은 전 세계 모든 학부모의 공통된 고민거리다. 하지만 소수의 아이들은 중학교에 올라간 후에도 변함없는 학습 태도를 보이며 이전보다 더 탁월한 성과를 내기도 한다. 이 차이는 어디에서 비롯되는 것일까? 바로 정서 조절 능력이다.

사춘기 아이들은 감정의 기복이 심하다. 그 이유는 뇌에서 찾을 수 있는데, 뇌의 다른 부분은 거의 성장을 마쳤지만 이성을 관장하는 전두엽은 이제야 성장에 시동을 걸기 때문이다. 왕성하게 뿜어져 나오는 성장호르몬은 감정중추인 편도를 자극하는데, 감정을 통제하고 조절해야 할 전두엽이 미숙한 상태이니 감정이 요동을 치는 '질풍노도의 시기'를 겪을 수밖에 없는 것이다. 하지만 요동치는 감정에 공부를 맡겨두면 어떤 성과도 낼 수 없다.

한마디로, 사춘기 아이들의 성적은 감정 조절 능력과 비례한다. 아직 어린 전두엽이지만 감정의 분화, 표현, 통제 등의 기능을 쓰려고 노력하면 점차 감정 조절에 능숙해진다. 전두엽은 자주 쓰는 기능을 심화, 발전시키고 자주 쓰지 않는 기능은 가지치기를 하는 방식으로 성장하기 때문이다.

아이들은 부모가 가정의 문제를 해결해나가는 모습, 부부 싸움 이후의 행동, 자녀를 꾸중할 때의 태도 등 부모가 감정을 조절하고 표현하는 모습을 몸에 익힐 수밖에 없다. 그러니 부모는 작은 일에도 신경 써야 한다. 예를 들어 떼를 쓰는 자녀에게 "그래 더 해봐라", "아이고~ 잘한다"라거나, 시험 성적으로 속상해하는 아이에게 "너 게임 할 때부터 알아봤어" 식으로 비난하는 태도는 자녀의 감정 조절에 걸림돌이 된다.

바른 언어 사용

욕, 속어, 은어를 자주 쓰는 아이들은 어휘력, 사고력이 떨어진다. 어떤 자극에 감정적으로 반응하는 것이 습관이 되어버렸기 때문이다. 감정이 이성의 뇌를 거쳐 적당한 단어와 문장으로 나와야 하는데 '아싸', '아, 뭐야' 등 즉각적인 반응으로 끝나버리고 마는 것이다. 이러한 과정이 반복되면 자신의 감정은 물론 생각을 말할 때도 머뭇거리게 되고, 풀이 과정을 쓰는 서술형 시험에서도 사고 과정을 풀어 쓰기 어렵다.

실제로 아이들을 비속어를 많이 쓰는 집단과 그렇지 않은 집단으로 나누어 실험을 해보았더니 비속어를 많이 쓰는 집단은 팀에 주어진 과제를 해결하는 과정에서 역할 분담을 어떻게 할지 논의하지 않았으며, 아무런 작전 없이 게임을 시작해 우왕좌왕하다 제한시간을 넘기고 말았다. 그러는 중에 "아이씨", "너 때문이야", "왜 그렇게 해?" 같은 투덜거림이 계속 쏟아졌다. 반면 비속어를 많이 쓰지 않는 집단은 게임을 시작하기 전에 서로 논의하여 세밀하게 작전을 세웠으며, 뜻대로 되지 않을 때는 화풀이 식의 비속어 대신 "다시 하면 돼", "괜찮아"와 같은 말들로 서로를 격려했다. 이 실험을 통해 알 수 있는 것은 단지 입으로만 하는 줄 알았던 욕과 비속어가 뇌에도 영향을 미친다는 것이다. 욕을 많이 하는 아이들은 토론 능력, 협동심, 문제 해결 능력 등 모든 면에서 부족함이 드러났다.

자녀는 어릴 때부터 들어온 부모의 대화 방식을 닮게 마련이다. 가정에서 욕을 쓰는 부모는 거의 없지만 대충 얼버무리는 습관, 시비조의 말투, 타인을 험담하는 대화 등은 아이들의 언어 습관에 영향을 미치므로 각별히 주의해야 한다.

독서 습관

상위권 학생들 중에는 어려서부터 책을 많이 읽고 그 지식으로 수월하게 학교 공부를 해내는 아이들이 많다. 독서는 폭넓은 배경지식을 쌓게 하고, 문장을 읽으며 다양한 사고를 융합하게 한다는 점에서 학습 능력에 기여하는 바가 매우 크다. 모든 교과는 글로 되어 있어서 언어 능력이 좋은 학생들은 이해력이 뛰어나고 전 과목에 걸쳐 우수한 성적을 낸다.

초등학교 때까지는 엄마의 권한으로 학습만화, 위인전 등을 주로 읽혔겠지만 중학교 이후에는 책 선택의 주도권을 아이에게 넘기는 것이 좋다. 무협지나 판타지 소설에 푹 빠지더라도 그냥 두자. 독서는 문장을 읽으며 복합적으로 사고한다는 점에서 이미 훌륭한 두뇌 훈련을 하는 셈이므로 책의 내용이 교과와 관련성이 있는지 따질 필요는 없다.

아이가 책 읽을 시간이 없다면 잠자리에 들기 전 책을 읽어주자. 정서 관리에 도움이 되고, 직접 읽는 것보다 누군가 읽어주는 것을 들으며 상상할 때 두뇌 작용이 더 활발해진다.

모든 가정교육이 그렇지만 특히 독서는 본을 보이는 것 이상으로 좋은 교육 방법이 없다. 시간을 내서 가족이 함께 도서관에 가고, 조용히 책을 읽는 부모의 모습을 보여주는 것이 자녀에게 줄 수 있는 가장 큰 유산임을 기억하자.

규칙적인 생활

규칙적인 생활은 학교생활의 바탕이 되는 것은 물론, 모든 성공하는 이들의 공통된 생활습관이다. 특히 어린 시절부터 부모가 특별히 살펴야 하는 것은 취침과 기상이다.

잠을 자는 동안 두뇌는 성장하고 낮에 있었던 일을 정리하며 단기 기억을 장기 기억으로 전환하는 등의 작업을 한다. 따라서 수면이 부족하거나 불규칙하다면 학습에 지장이 생길 수밖에 없다. 두뇌 활동이 활발한 시간은 밤 10시에서 오전 6시 사이다. 그러므로 늦게 잠드는 것은 두뇌의 성장과 활동을 방해한다.

중1은 두뇌 성장이 활발한 시기인 데다 학습량이 늘어나고 생활의 변화 등 적응해야 할 외부 자극이 많으므로 충분한 수면이 필수다. 시험 기간에도 12시는 넘기지 않도록 하고, 평소에는 11시 이전에 잠들도록 노력하자.

자녀의 생활습관은 가정생활의 틀 안에서 정착되게 마련이다. 부모가 퇴근이 늦어 야식을 먹거나 늦게까지 TV를 보는 등 아이들의 성장 리듬에 맞지 않는 생활이 일상화되어 있다면 개선이 필요하다.

밤늦게 게임 하는 아이, 아침 게임으로 바꿔보자

일본의 뇌과학자 구로카와 이호코 씨는 일찍 잠들어 잠을 충분히 자는 것이 두뇌의 성장에 얼마나 필요한지 잘 아는 엄마다. 게임을 좋아하는 아들이 늦은 밤까지 게임을 하자 이호코 씨는 그것만큼은 못하게 막았다. 언제라도 하고 싶은 만큼 게임을 해도 좋지만, 수면 시간을 침범해서는 안 된다는 것이 이호코 씨의 철칙이었다. 아들은 그 시간밖에 게임할 시간이 없다고 버텼다. 그래서 내놓은 묘안이 '아침 게임'이다. 일찍 자는 대신 아침에 1시간 일찍 일어나 등교 전 1시간씩 매일 게임을 하는 것이다. 아들은 게임 시간을 지키기 위해 한 번도 늦잠을 잔 적이 없고 매일 규칙적으로 아침 게임을 즐겼다.

이 방법을 다른 학생들에게 적용해보았더니 제법 효과가 있었다. 특히 학습 의지는 있으나 게임을 끊지 못해 스스로도 힘들어하는 학생들에게 매우 효과적이니 시도해보자.

04
강점을 키우는 교육을 하자

아이큐만으로는 아이의 잠재 능력을 파악하기에 부적합하다는 것이 통념이다. 내 아이의 숨은 능력이 무엇인지 알려면 아이가 어디에 호기심을 보이는지를 파악해야 한다. 하워드 가드너의 다중지능 이론에 따라 언어, 논리수학, 인간친화, 자기이해, 공간, 음악, 신체운동, 자연친화 등 8가지 항목으로 나누어 우리 아이의 강점을 고려해보자.

강점 찾기

우선, 내 아이의 강점을 찾아보자. 아이에게 더 가깝다고 생각하는 항목에 체크를 하자.

| 언어 지능

1	글짓기나 독후감 등을 잘 써서 상을 타곤 한다	☐
2	다른 사람이 이야기하는 것의 요점을 잘 파악한다	☐
3	자신이 상상한 것을 말로 잘 표현한다	☐
4	다른 사람의 집에 가면 먼저 어떤 책이 있는지 살핀다	☐
5	또래와 말다툼을 하면 꼭 이기는 편이다	☐
6	자신의 생각이나 느낌을 다양한 어휘로 표현한다	☐
7	자신의 의견을 정확하게 표현한다	☐
8	유행어를 상황에 맞춰 잘 구사할 수 있다	☐
9	도서관이나 대형 서점에서 집중하여 책을 본다	☐
10	사람들 앞에서 발표하는 것을 좋아한다	☐

| 논리수학 지능

1	수학이나 과학 과목을 좋아한다	☐
2	장기나 바둑 등 머리를 쓰는 보드게임을 좋아한다	☐
3	이야기를 할 때 앞뒤 순서에 맞춰 조리 있게 말한다	☐
4	돈 계산이나 물건 개수를 빨리 셈한다	☐
5	'왜?' 라는 질문을 많이 하는 편이다	☐
6	시간이나 날짜 개념이 정확하다	☐
7	틀린 문제는 반드시 해결하고 넘어간다	☐
8	궁금증에 대한 답을 구체적인 숫자로 듣는 것을 좋아한다	☐

| 9 | 컴퓨터나 가전제품 등 기계의 작동 원리를 궁금해한다 | ☐ |
| 10 | 원리를 설명해주면 이해가 빠르다 | ☐ |

| 인간친화 지능

1	낯선 곳에 가도 친구를 금세 사귄다	☐
2	처음 만난 어른들에게도 인사를 잘한다	☐
3	혼자서 노는 것보다 여럿이 함께 노는 것을 좋아한다	☐
4	친한 친구를 이야기하라고 하면 너무 많다고 대답한다	☐
5	친구들이 모르는 것을 물어보면 친절하게 잘 가르쳐준다	☐
6	인기가 많아 학급 임원으로 자주 뽑힌다	☐
7	친구나 형제가 울면 같이 슬퍼한다	☐
8	아픈 친구들을 잘 돕는다	☐
9	친구들이 싸우면 나서서 중재하려고 한다	☐
10	엄마, 아빠의 기분 변화에 민감하며 상황에 잘 대처한다	☐

| 자기이해 지능

| 1 | 자신의 성격이 어떤지 말로 표현할 수 있다 | ☐ |
| 2 | 자신이 스스로 정했거나 하고 싶은 일은 지키려고 애쓴다 | ☐ |

3 여럿보다 혼자 하는 일을 더 편해한다 ☐
4 존경하거나 닮고 싶은 사람이 있다 ☐
5 좋고 나쁜 것에 대한 자신의 감정을 잘 파악하고 있다 ☐
6 시키지 않아도 숙제는 스스로 한다 ☐
7 '나라면' 하고 자신이 행동했을 때를 자주
  상상해본다 ☐
8 친구들과 싸웠을 때 무엇이 잘못됐는지 차근차근
  설명한다 ☐
9 자신이 못한 것보다 잘한 것을 더 강조한다 ☐
10 영화나 드라마를 볼 때 주인공에게 자신을 대입해보는
   일이 많다 ☐

| 공간 지능

1 사람의 얼굴과 생김새의 특징을 잘 기억하는 편이다 ☐
2 찰흙이나 밀가루 반죽 등으로 입체물을 잘 만든다 ☐
3 그림으로 설명해주면 더 잘 알아듣는다 ☐
4 한번 간 길은 잘 잊지 않는다 ☐
5 마을이나 동네를 그릴 때 건물들을 세세히
  표현한다 ☐
6 물을 따를 때 눈대중으로 양을 잘 맞춘다 ☐
7 그림을 그릴 때 가르쳐주지 않아도 원근 표현을
  한다 ☐

8	휴대폰이나 카메라로 사진 찍기를 좋아한다	☐
9	옷 입는 감각이 다른 아이들에 비해 좋다	☐
10	동서남북 방위에 관심이 많고 정확하게 안다	☐

음악 지능

1	다양한 악기 소리를 잘 구분해낸다	☐
2	춤을 출 때 반주되는 곡의 리듬을 잘 탄다	☐
3	기쁨, 슬픔 등 음악의 분위기를 읽어낼 수 있다	☐
4	혼자서 놀 때도 곧잘 흥얼거린다	☐
5	기분 좋으면 즉흥적으로 노래를 만들어 부른다	☐
6	평소 노래나 연주곡 등 음악 틀어놓는 것을 좋아한다	☐
7	노래나 악기에 소질이 있어 곧잘 상을 탄다	☐
8	노래를 듣다가 음정이 틀린 부분을 잘 찾아낸다	☐
9	악기를 직접 다루기를 좋아한다	☐
10	특별히 좋아하는 음악 장르가 따로 있다	☐

신체운동 지능

1	운동이나 춤추는 것을 좋아한다	☐
2	다른 아이들보다 몸이 유연하다는 말을 많이 듣는다	☐
3	다른 아이들보다 일찍 걷고 달렸다	☐
4	가수나 개그맨의 움직임을 잘 따라한다	☐

5	가위질이나 종이접기를 좋아한다	☐
6	어떤 사물이든 직접 조작해보면서 확실히 이해한다	☐
7	야외에서 노는 것을 더 좋아한다	☐
8	종종 산만하다는 이야기를 듣는다	☐
9	하루 종일 뛰어놀아도 잘 지치지 않는다	☐
10	블록이나 장난감 조립을 좋아한다	☐

| 자연친화 지능

1	야외에 나가면 동물이나 식물에 관심이 많다	☐
2	인공적인 식물원보다는 직접 산, 바다, 강에 가는 것을 좋아한다	☐
3	바람 소리, 물소리, 새소리 등 자연의 소리를 좋아한다	☐
4	자연이나 우주 다큐멘터리를 즐겨 본다	☐
5	강아지를 무서워하지 않고 좋아한다	☐
6	환경보호에 대해 가르쳐주면 실천한다	☐
7	감수성이 풍부하고 약한 동물에 대해 동정심이 많다	☐
8	생명이 소중하다는 것을 안다	☐
9	식물이나 꽃 등을 말려서 잘 보관한다	☐
10	집에서도 작은 식물 화분을 기르는 것을 좋아하고 잘 키운다	☐

강점별 학습법

아이들은 자신이 강점이 있는 부분에 호기심을 보인다. 따라서 강점에 맞는 학습법을 적용한다면 훨씬 쉽게 받아들이고 잊히지 않으며 공부 시간을 단축할 수 있다. 아이가 특히 힘들어하는 과목이 있다면 아이에게 맞는 공부법을 함께 찾아주자. 그럴 때는 아이들은 자신에게 맞는 학습법을 스스로 터득하기도 하는데, 아이의 어떤 특징 때문에 그 방법이 잘 맞는지 설명해주는 것이 좋다. 비슷한 요령으로 다른 공부를 할 때도 응용할 수 있을 것이다.

| 언어 지능

언어 지능이 높은 아이는 이해력이 뛰어나다. 교과서든 시험문제든 문장을 읽고 핵심 내용을 파악하는 것이 공부의 기본이므로 언어 지능이 높은 아이는 대체로 높은 점수를 받는다. 중학교 진학 이후에는 과목별 특성에 따라 난도가 올라가면서 취약 과목이 생기기도 하는데, 무조건 학원을 보내면 문제 풀이 위주의 공부만 반복하기 때문에 강점인 언어 지능을 살릴 수 없다. 토론이나 설명하기 등 아이의 강점을 활용하여 흥미를 이끌어낼 수 있도록 돕자.

| 논리수학 지능

논리수학 지능이 강점인 아이는 개념이 명확하고 분명한 것을 좋아한다. 따라서 단순히 "고려시대에……"라고 설명하는 것보다 시간과 숫자 등 구체적인 정보를 강조하는 것이 아이의 관심을 끌 수 있다. '왜?'라는 질문을 좋아하고 원리를 탐구하려는 경향이 있기 때문에 "그 부분은 몰라도 돼"라거나 "그런 건 시험에 안 나와"라고 공부의 범위를 제한하는 것은 좋지 않다. 시간이 걸리더라도 끝까지 탐구하고 찾아볼 수 있도록 독려하자. 그렇게 모아진 지식은 학년과 과목을 뛰어넘어 풍부한 사고의 바탕이 되므로 결국 성적 향상에 기여한다.

▎공간 지능

공간 지능이 뛰어난 아이들은 시각적인 자극에 예민하게 반응한다. 공부할 때 유용하게 활용할 수 있는 것이 마인드맵인데, 마인드맵은 가운데에 주제어를 적은 후 가지를 뻗어가며 연관 단어나 생각을 적어나가는 방법이다. 공간 지능이 높은 아이들은 이를 통해 개념 정리를 더 빨리 해낼 수 있다. 일반적인 노트 형식보다 지식을 입체적으로 구성해볼 수 있고, 지식의 연결 정도와 방향을 선과 색으로 표현할 수 있으므로 능동적으로 학습할 수 있다. 암기과목을 공부할 때도 지도, 도표 등을 직접 만들어보면 문장으로 나열된 지식을 구조화하여 기억할 수 있어 훨씬 유리하다.

▎인간친화 지능

인간친화 지능이 높은 아이들은 혼자서 공부하는 것보다 다른 사람들과 함께 공부하는 것이 좋다. 동생의 공부를 도와주거나 친구에게 설명해주는 것, 친구와 경쟁하는 것 모두 유익하다. 혼자 공부할 때는 공부한 내용을 엄마에게 설명해보게 하자. 엄마는 그냥 듣고만 있기보다 궁금한 것을 물어보며 상호작용을 해주는 게 좋다. 설명을 하는 과정에서 더 깊이 이해할 수 있으므로 엄마가 도울 수 없는 상황이라도 혼자 선생님 역할을 하며 설명하는 공부를 하는 것이 효과적이다.

| 자기이해 지능

자기이해 지능이 높은 아이는 스스로 계획을 세워 지켜나가는 것을 좋아한다. 부모의 간섭이 오히려 아이의 의욕을 떨어뜨리므로 공부 계획을 세울 때는 아이가 스스로 계획표를 만들도록 조용히 지켜보자. 특히 형제, 친구와 비교하는 이야기는 아이의 자존감을 떨어뜨리므로 주의하자. 아이의 성취도에 대해서는 스스로 어느 정도 해냈는지, 이전보다 무엇이 부족했는지 등 자신을 성찰해볼 수 있도록 평가해주자. 자기이해 지능이 발달한 아이들은 혼자서 사색하기를 좋아하고 지나치게 여러 사람이 모인 곳을 싫어할 수 있는데, 아이의 이런 성격을 존중해주고 혼자만의 시공간을 충분히 갖도록 배려해주자.

| 음악 지능

음악 지능이 높은 아이들은 음악을 틀어주면 더 쉽게 집중한다. 특히 바흐, 모차르트 등의 클래식 음악이나 규칙적이고 일정한 박자가 반복되는 바로크 음악은 마음을 안정시키는 알파파와 세타파를 유도하고 도파민이나 세로토닌의 생성을 자극하므로 집중력을 높이는 데 효과적이다. 학습 효과를 높이기 위해서도 노래를 이용하는 것만큼 좋은 것이 없는데, 노랫말이나 랩에 영어단어 등 암기할 내용을 넣어 흥얼거리면 훨씬 기억을 잘한다.

| 신체운동 지능

신체운동이 높은 아이들은 신체가 마음을 표현하는 도구가 된다. 단어를 외울 때는 눈으로 보며 외우는 것보다 손으로 써서 외우는 게 더 잘되며, 교실에서 수업을 듣는 것보다 실험·실습 등으로 직접 체험하게 하는 것이 더 좋다. 운동을 하며 체력을 극복하고 땀을 흘리는 경험을 한 아이들은 운동을 하지 않는 아이들보다 정신력이 강해서 공부를 할 때도 쉽게 흔들리지 않는다. 운동 경기에 필요한 전략과 집중력, 진지함, 승부욕 등은 공부할 때도 필요한 능력이므로 운동을 좋아하는 아이라면 진로와 상관없이 지속적으로 운동을 하도록 하는 것이 좋다.

| 자연친화 지능

자연친화 지능이 높은 아이는 자연의 원리를 직접적으로 배우는 과학에 흥미를 느낀다. 다른 과목을 공부할 때도 학습 주제와 자연물을 연결해 설명하면 좋은 효과를 얻을 수 있다. 예를 들어

정부의 산하기관을 거미줄이나 나뭇가지에 비유해 설명하고, 문학작품 속의 풍경이나 꽃에 작가의 어떠한 감정이 담겨 있는지를 생각해보는 식이다. 자연을 관찰하고 접할 수 있는 과학관이나 박물관, 천문대는 물론 산, 강, 바다, 들을 다니며 섬세하게 발달된 감각을 자극해주자. 보고 느낀 자연의 감동은 무엇이든 배우고 아이디어를 떠올리게 하는 동력이 된다.

아이의 강점과 진로를 연결하는 법

강점이 발견되는 시기는 아이마다 다르다. 장영주, 장한나 같은 사람들은 서너 살 때 음악 지능이 드러났지만 피아니스트 임동창처럼 6학년이 되어서야 음악에 눈을 뜬 사람도 있다. 그러니 아이의 성장 과정을 진지하게 지켜보아야 하며, 일찍 발견해 빨리 키우겠다는 조급함은 내려놓아야 한다.

같은 분야의 강점이라 해도 발현되는 방법이 다르다. 글 쓰는 것은 좋아하지만 말하는 것에는 흥미가 없을 수 있고, 말과 글 모두 형편없지만 외국어 습득에 탁월한 능력을 보이는 경우도 있기 때문이다. 그러니 언어 지능이 높다고 해서 어문계열이나 아나운서나 작가 등의 진로에 한정해 지도할 필요는 없다.

다른 지능과의 조화도 고려해야 한다. 언어 지능과 인간친화 지능이 높은 아이는 두 가지 강점이 합쳐져 최상의 능력을 발휘할 수 있는 직업을 찾아나가면 된다. 여행 가이드나 교사, 심리치료사 등으로 진로 방향을 생각해볼 수 있다.

강점에 관련된 기억력이 더 우수하다

언어 지능이 높은 아이들 20명, 음악 지능이 높은 아이들 20명을 대상으로 네 가지 기억력 테스트를 실시했다. 두 가지는 음악에 관련된 테스트인데 짧은 피아노 연주를 듣고 같은 멜로디를 고르는 문제와, 장구 연주를 듣고 같은 리듬을 고르는 문제였다. 나머지 두 가지는 언어 기억력 테스트다. 30개의 단어를 보여준 후 1분 후에 기억나는 단어를 적어보게 하는 문제와, 1분 30초짜리 구연동화를 들려준 후 기억나는 단어를 체크해보게 하는 문제였다. 테스트 결과, 아이들이 다중지능 검사에서 강점을 보인 영역에서 더 높은 기억력을 보였다. 언어 지능이 높은 아이들은 언어 점수가 12점 더 높게 나왔고, 음악 지능이 높은 아이들은 음악 점수가 4점 더 높았다. 자신이 강점을 보이는 영역에서 더 높은 기억력을 발휘한 것이다. 아이들이 멜로디를 더 잘 기억하고 싶다거나 단어를 더 잘 기억하고 싶다고 해서 되는 것이 아니라, 자신의 강점 지능에 따라 기억력이 좌우된 것이다. 즉 강점과 약점은 어느 정도 타고난다고 볼 수 있으며, 강점을 활용한 학습법 등 자기계발 노력이 성공에 유리함을 시사한다.

05
아들과 딸은 공부 방법이 달라야 한다

> 아들과 딸은 분명 다르다. 특성도 다르고 장단점도 달라서 그에 맞는 학습 전략과 양육 태도를 안다면 아이와 엄마 모두 편하다. 물론 성장 과정의 경험과 환경에 따라 개인차도 있을 것이다. 하지만 남성과 여성의 고유한 특성은 선천적인 것으로 변하지 않는다.

아들에게 효과적인 공부법

| 아들은 듣기 교재보다는 시청각 교재가 좋다

남자아이들은 세심하게 듣지 못한다. 이는 언어를 사용할 때 남자들은 좌뇌를 사용하고 여자들은 양쪽 뇌를 모두 사용하는 차이에서 비롯된다. 따라서 들을 때도 남자들은 오른쪽 귀를 주로 사용하는 반면, 여자들은 양쪽 귀를 모두 사용한다. 그러니 아들에게 밥 먹어라 씻어라 아무리 이야기해도 꼼짝을 안 하는 것이다(아들만이 아니라 남편도 그렇다). 이것은 엄마 말을 무시해서가 아니라 정말로 들리지 않기 때문이다.

그렇다면 공부를 할 때는 어떨까? 아들이 학습 효과를 톡톡히 보려면 듣기만 하는 수업보다 보고 듣는 수업이 좋다. 초등학교 때는 시각 자료를 활용하고 체험 기회를 주는 수업이 많아서 괜찮았지만 아쉽게도 중학교에 올라오면 대부분의 수업이 강의식 수업이다. 그러니 혼자 공부할 때만이라도 방법을 바꾸어보자. 예습을 할 때는 그림과 실험 위주로 훑어보고, 복습할 때는 공부한 내용을 도표와 마인드맵으로 구조화해보는 등 남자아이의 강점을 사용하면 좋다.

| 아들에게는 할 일을 적어주자

남자아이들은 숙제도 잘 안 하고, 잘 씻지도 않고, 물건을 제자리에 두지도 않으며, 해야 할 일들을 잘 잊어버린다. 여러 가지 일을 동시에 할 수 있는 여자아이들에 비해 남자아이들은 한 번에 하나씩만 집중하고 그 밖의 일들에는 관심을 두지 않기 때문이다.

따라서 그날의 숙제며 해야 할 공부 등을 적어주는 게 좋다. 엄마가 쫓아다니며 잔소리하는 것보다 무엇을 해야 할지 눈으로 보고 스스로 판단하도록 하는 것이다. 스스로 적는 알림장을 만들어 학교에서부터 준비물이며 숙제, 공붓거리를 적어오도록 하고 집에서는 엄마가 우선순위를 정해주거나 시간과 동선을 고려해 '학원 다녀오는 길에 문구점 들르기'와 같이 해야 할 일들을 효율적으로 할 수 있도록 도움을 주면 된다.

| 아들의 친구에게 관심을 갖자

남자아이들은 조직적이고 여자아이들은 개인적이다. 남자는 조직 안에서 인정을 받으면 성취감을 느끼지만, 여자는 자신의 능력을 바탕으로 정체성을 만들어간다. 여자아이들도 친구를 중요하게 여기기는 하지만 그것은 감정의 교류와 교감, 친근함 때문이지 남자아이들처럼 인정을 받기 위해서가 아니다.

그렇기 때문에 일부 남자아이들은 친구들이 '범생'이라고 놀릴까 봐 일부러 공부를 하지 않는다. 확실히 남자아이들은 우등생 집단에 속해 있을 때 우등생이 되는 경우가 많다.

또한 소심한 성격이 아니라면 대부분의 남자아이들은 경쟁을 즐긴다. 그러니 학원을 택하거나 그룹과외를 할 때는 약간 수준이 높은 친구들과 공부하도록 하는 것도 좋은 방법이다.

딸에게 효과적인 공부법

| 딸은 학습 전에 충분한 설명을 원한다

여자아이는 남자아이만큼 경험을 즐기지 않는다. 그래서 새로운 문제에 끊임없이 부딪히는 수학이나 과학 과목에서 남자아이

보다 낮은 점수를 보이기도 한다. 하지만 충분히 설명을 듣고 직접 원리를 발견한 후 문제를 풀게 하면 뛰어난 실력을 발휘한다.

여자아이에게는 새로운 체험이나 실험을 하기 전에 반드시 그것을 하는 이유와 어떤 결과가 예측되는지 충분히 설명해주는 것이 좋다. 여자아이들은 납득이 되어야 학습에 관심을 보이기 때문이다. 남자아이라면 학습지를 던져주며 "할 수 있는 만큼 풀어봐"라고 해도 상관없지만 여자아이에게는 어떤 내용이 담긴 학습지이며 몇 문제 정도 있는지, 난이도는 어떠한지를 미리 설명해줘야 하는 것이다. 그렇지 않으면 아이는 툭 던져진 학습지에 이미 감정이 상해 학습 의욕을 잃는다.

| 딸은 다른 사람에게 설명하듯 공부하는 것이 좋다

여자아이들은 동시에 여러 가지를 신경 쓸 수 있으며 한번에 여러 가지 소리를 듣는다. 따라서 이런저런 잡생각 때문에 집중력이 떨어질 수 있으며, 밖에서 나는 TV 소리나 식구들의 이야기 소리에 공부를 방해받기도 한다. 매우 탁월한 능력이지만 공부할 때는 단점으로 작용한다.

이런 단점을 보완하려면 공부를 할 때 입으로 소리를 내거나 필기를 하는 등 최대한 많은 감각을 이용하는 게 좋다. 혼자 공부할 때는 설명하며 공부하는 것이 좋은데, 공부한 내용을 잘 기억하고 있는지 확인할 수 있고 학습 내용을 내 언어로 재구성하는 과정을 통해 학습 효과가 더욱 높아지기 때문이다. 특히 여자아이들의 강점인 언어능력을 사용하는 과정이라 더욱 효과적이다.

| 딸은 스스로 선택하게 한다

여자아이는 대부분 부모의 말을 잘 따른다. 이런저런 학원을 보내도 군소리 없이 잘 다니며 물건을 사줄 때도 엄마가 골라주면 "나도 맘에 든다"고 한다. 여자는 다른 사람의 마음을 헤아리고 이해하는 특성이 있기 때문이다. 하지만 이런 상황이 잦으면 아이는 점점 자신의 의견을 표현하는 능력을 잃어버린다.

특히 공부는 내가 주인이 되어 나만의 성취 기준으로 노력해야 하는 과정인 만큼 어떤 학원을 다닐지, 어떤 책을 살지, 어떤 방법으로 공부할지, 얼마나 공부할지 등은 아이가 결정하게 하자. 엄마는 충분한 설명을 해주며 그 과정을 돕는 것으로 족하다.

CASE 아들을 가진 엄마들이여, 느긋하게 기다리자

초등학교 내내 엄마들은 딸들이 뭐든 야무지게 잘하는 모습을 보았을 것이다. 준비물을 스스로 챙기고 노트 정리도 알아서 잘하고 선생님의 질문에도 정확한 발음으로 똑 부러지게 대답한다. 이에 비해 아들들은 뭔가 어리숙하다. 말을 할 때도 "음~", "어~" 같은 사족이 많고, 계속 놀다가 아침이 되어서야 숙제를 안 했다며 허둥거린다.

이는 발달의 차이 때문인데, 교실의 정해진 자리에서 매일같이 여러 가지 과목을 한꺼번에 공부하는 학교의 교육환경은 사실 남자아이들에게는 맞지 않다. 여자아이들은 언어감각이 빨리 발달해서 책을 읽거나 글을 쓰는 공부에 익숙하지만, 남자아이들은 대근육이 먼저 발달해 뛰고 싶은 본능이 앞선다. 그러니 얼마나 답답하겠는가. 게다가 초등학교 교사의 90%는 여성이어서 남자아이들에게 맞는 교육은 더욱 어렵다.

다행히도 중학생이 되면 이러한 차이는 조금씩 줄어든다. 초등학교 때까지 그저 뛰어놀기만 하던 아이도 어느 순간 성적이 쑥 올라간다. 그래서 "초등학교 때까지는 여자아이들이 잘해도 중학교 가면 남자아이들 못 따라간다"는 말을 하는 것이다. 하지만 못 따라가는 게 아니라 이제야 남자아이들이 여자아이들과 균형적인 발달을 하는 것이다. 그러니 초등학교 내내 기죽었던 아들의 엄마들이여, 힘을 내자. 때가 되면 다 하게 되어 있다. 이제 막 중학생이 되었으니 조금만 기다리면 된다.

06
부모가 주는 부담에서
벗어나고 싶은 아이들

> 무뚝뚝하고 툴툴거리는 사춘기 아이들. 부모에게 잔뜩 화가 나 있는 것처럼 보이지만, 그들의 마음속에는 오래전에 들은 부모의 말 한마디가 상처로 남아 있다. 정작 부모는 홧김에 한 말이라 기억을 못한다. 아이들은 자신을 어른으로 대할 때 더욱 성숙해진다. 아이가 철들길 원한다면 부모가 먼저 성숙해지자.

우리의 마음을 알아주세요

한 중학교에서 자기주도학습 특강이 있었다. 강의 전에 자신의 공부 고민을 적어보는 시간을 가졌는데, 내용을 보니 아이들을 힘들게 하는 가장 큰 이유가 '부모'였다. 벗어날 수도 없고 벗어나서도 안 되는 부모라서 아이들은 더욱 고민이 컸다. 이렇게 마음이 막혀 있는데 무슨 공부가 될까?

아이들의 이야기를 읽어보자. '혹시 이 하소연이 내 아이의 마음은 아닐까' 하는 생각을 하면서.

● "제일 싫은 건 엄마가 조건을 거는 거예요. 좋은 조건이 아니라 나쁜 조건도 거니까('점수가 93점 이하면 폰 뺏는다' 같은), 공부도 하기 싫고 미쳐버릴 것 같아요. 솔직히 시험 못 보면 내가 아니라 부모님이 실망하셔서 더 짜증나요. 우리나라 학생들은 지금 자기 자신이 아니라 부모님을 위해 공부하는 것 같아요."

● "진짜 내가 왜 태어났는지 모르겠다. 엄마·아빠를 실망시키는 것도 싫고, 엄마가 초등학교 때의 반만이라도 해달라고 부탁하는 것도 싫다. 상의도 없이 내가 해야 할 일들을 정하는 것도 그렇고, 내 가방을 뒤지는 등 사생활을 침해한다. 비교하는 걸 싫어한다면서 비교부터 하고…… 너무 짜증 나고 괴롭다. 내 말을 들어주지는 않고 자기 나름대로 해석하는 것도 너무 싫다. 정말 집 나가고 싶다."

● "부모님의 기준이 너무 높다. 언제나 못한다고만 하시고 힘이 되는 말은 안 해주신다. ○○대 정도는 학교도 아니라고 하셔서 기가 막힌다. 내 성적에 서울에 있는 대학교에 들어가기도 힘든데 장학금 받으며 부모의 도움 없이 다니라니. 가끔은 엇나가고 싶다. 집을 나가도 안 찾을 거니까 집 나가라는 부모님의 말씀대로 집을 나가면 어떨까 하는 생각이 든다. 내가 원하는 꿈과 하고

싶어하는 일들은 모두 필요없는 것이라고, 돈이 안 되는 것이라고, 남에게 무시받는 직업이라고 못하게 하시는 게 너무 싫다. 유명한 사람들은 모두 자기가 하고 싶은 걸 하는 게 힘들더라도 행복한 삶이라고 하는데, 엄마는 왜 그걸 반대할까?"

근거 없는 기대에 아이들은 우울해진다

대학이든 성적이든 근거 없이 미래의 결과를 추측하는 것은 위험하다. 부모는 할 수 있다는 자신감을 주고 싶어 그런 말을 하겠지만, 그 말을 듣는 아이들은 부담을 느낀다. 즉 "우리 딸, 할 수 있지? 엄만 믿어!"라는 한마디에도 아이들은 우울해진다.

그 대신 "시험 기간에 피곤했지? 좋아하는 잠도 실컷 못 자고 공부하는 걸 보니까 근성이 느껴지더라"와 같이 과정을 공감하며 격려해주어야 한다. 그 내용이 구체적일수록 세심하게 마음을 전할 수 있다.

성적을 대가로 요구하지 말자

만일 회사에 "이번 분기에 신규 고객을 93명 이상 등록시키지 못한 임직원은 핸드폰을 빼앗겠습니다"라는 공지가 붙는다면 어떨까? 황당하다 못해 기가 막힐 것이며, 사생활 침해라는 둥 인권을 모독했다는 둥 별별 불만이 다 생길 것이다.

그렇다면 부모들이 자녀에게 '성적이 오르면 ~해주겠다', '성적이 떨어지면 벌로 ~를 하겠다'고 말하는 것은 어떠한가?

성적은 노력의 결과일 뿐이다. 스마트폰이나 용돈 인상, 놀러 갈 기회 등을 허락하는 대가로 좋은 성적을 요구하는 것은 절대 해서는 안 될 일이다. 입장을 바꿔 "엄마 아빠의 월수입에 따라 제가 두 분을 존경하는 정도를 결정할게요"라고 한다면 어떻겠는가.

자녀의 성적에 따라 부모의 태도가 달라진다면 아이들은 큰 상처를 받는다. 꾸중과 칭찬이 성적과 무관해야 건강한 삶의 기준을 심어줄 수 있다.

부모가 먼저 솔직해지자

부모도 사람인지라 완벽할 수 없다. 기분이 좋지 않으면 말을 아끼는 것이 상책이다. 대학과 관련해 아이에게 하고 싶은 말이 있으면 "○○대가 학교니? 너도 장학금 받고 서울대 가!"라고 말하지 말고 "이모 아들이 서울대 장학생으로 갔다더라. 너도 기분 이상하지? 엄마도 좀 그래"라고 하자. 자녀 앞에서 어른인 척, 완벽한 척할 필요 없다. 솔직히 이야기하면 큰소리 날 일도 상처 줄 일도 없다. 아이들은 그런 부모를 보며 '센 척하는 것보다 진솔함이 강하다'는 진리를 배울 것이다.

사생활을 지켜주자

아무리 친한 친구나 허물없는 형제 사이라 해도 허락 없이 휴대폰을 보거나 가방을 뒤져서는 안 된다. 청소년들은 자기만의 세상에 민감하다. 그런 성향은 아이에서 고유의 인격체로 커가는 시기인 만 13세 무렵에 본능적으로 생겨난다. 아이 방에 들어갈 때는 노크를 하고, 가방을 열어야 할 때는 "엄마가 가방에서 가정통신문 꺼낼게"라고 말해야 한다.

내 아이가 타인을 배려하고 누구에게나 존경받는 어른이 되기를 바란다면 한마디 말이나 작은 행동부터 아이를 대접해주자. 그 어떤 말과 행동도 경험하지 못하면 결코 내면화될 수 없다.

Q&A 어른들이 정해준 꿈을 아이가 부담스러워하는 것 같습니다

Q 우리 아이는 태어날 때부터 할아버지가 '법조인이 될 놈'이라며 기대를 많이 받았습니다. 어려서부터 말도 빨리 배웠고 뭐든 또래보다 잘해서 할아버지 말씀대로 영특한 아이라고 생각하며 키웠지요. 아이도 당연히 자신의 꿈은 법조인이라고 알고 자랐습니다. 할아버지는 아이를 아예 '김 판사'라고 불렀어요. 그렇게

몸에 익어야 꿈이 이루어진다고요. 아이도 스스로 판사가 될 것 마냥 좋아하고 자신의 꿈을 자랑스러워했습니다.

그런데 중학생이 되고 나서는 좀 달라졌어요. 꿈에 대해 말도 안 하고 어른들의 기대도 부담스러워하는 눈치입니다. 그동안 방치한 게 잘못일까요? 아이도 좋아하는 것 같아 그냥 두었는데 앞으로는 어떻게 해야 할지 고민입니다.

A 누구나 사춘기에는 자신의 존재와 미래에 대해 고민하지요. 법조인이라는 꿈에 도전의식이 생기면서도 한편으로는 누가 시켜서 하는 것 같아 괜히 싫어지기도 할 겁니다. 아이 스스로 고민하고 갈등할 시간이 필요해요.

"할아버지 말씀은 격려로 듣도록 해. 너의 논리적인 성향을 보면 할아버지 말씀이 틀린 것만은 아니야. 하지만 법조인으로 너의 꿈을 한정시킬 필요는 없다. 그렇다고 법조인을 거부할 필요도 없고."

이렇게 부모의 생각과 태도를 설명해주세요. 어른들이 정해준 꿈에 대한 부담감 때문에 비뚤어진 시각을 갖지 않도록 해야 합니다. 아이가 컸으니 할아버지가 바른 조언을 해주실 수 있다면 가장 좋겠지요. 가능하다면 할아버지께 부탁해보세요. 어렵다면 부모가 균형을 잡아주어야 합니다.

중학교에 들어가면 수업 방식도 달라지고 본격적인 공부를 시작하는 시기라 공부 스트레스도 심해진다. 머리가 커져서 친구들과 이전처럼 스스럼없이 친해지기도 쉽지 않으며, 더구나 사춘기에 접어드는 시기라 이러한 낯선 변화에 더욱 민감하고 예민해진다. 이런 심리적 위축과 긴장 상태를 건강하게 넘길 수 있는 힘은 자존감에서 나온다. 신뢰와 인정, 바른 평가와 격려, 구체적인 칭찬으로 아이의 자존감을 길러주는 것이 성공적인 중학교 생활을 시작하도록 돕는 첫걸음이다.

Part 2

입학 후 생활 전략이 중학교 3년을 좌우한다

07
낯선 환경, 위축되는 아이들

> 중학교에 올라가면 아이들은 낯선 환경에 위축된다. 집에서는 티를 내지 않지만 학교에 가면 친구에게 의존하거나 말이 없어지는 등 평소와는 다른 모습을 보이기도 한다. 새로운 환경에 적응하기 위한 일시적인 불균형이니 큰 걱정은 말자. 이 시기에 아이들을 지키는 힘은 튼튼한 자존감이므로 칭찬과 격려에 신경 써야 한다.

낯선 환경, 달라지는 아이들

신입생이 된 자녀의 심정을 이해하려면 엄마도 비슷한 상황에 처했던 때를 떠올려야 한다. 첫 직장에 들어가 상사, 선배, 동료들과 인사를 나눌 때는 일부러 밝고 적극적인 모습을 보이지 않았던

가. 결혼 허락을 받으러 처음 시댁 식구들과 마주 앉았을 때는 평소보다 말을 적게 하고 사람들의 표정을 유심히 살폈을 것이다. 누구나 낯선 환경에 처하면 달라진다. 몸과 마음은 비상 모드로 전환되어 평소보다 더 민감하고 민첩해지며, 주변의 수군거림과 나를 보는 사람들의 시선까지 감지한다. 마치 어디서 뭐가 나올지 모르는 정글을 혼자 걷는 느낌이 든다. 일부러 더 많이 웃거나 말이 많아지기도 하며, 반대로 표정이 굳고 말수가 줄어드는 경우도 있다.

중1이 된 우리 아이도 마찬가지다. 낯선 환경에 적응할 때까지 아이들은 비상 모드로 학교를 다닌다. 얼마나 피곤하겠는가. 그러니 아이가 집에 돌아오면 웃으며 맞이하자. 다음 날 아침이면 다시 정글로 등교를 해야 하니 맛있는 밥과 충분한 휴식도 필요하다. 마음이 편해지면 묻지 않아도 이 말 저 말 꺼내놓을 것이다.

자신의 존재를 드러내는 방법

위축된 아이들은 자신의 안전을 보장받기 위해 다양한 방법을 택한다. 집단생활에서의 생존 전략이다.

● 무리를 이룬다 : 대다수 학생들이 택하는 방법이다. 아직 안정된 또래 집단이 형성되기 전이므로 2~3명 정도 친구끼리 붙어 다닌다. 대부분 같은 학교 출신끼리 뭉친다. 아이들은 한동안 '우

리 학교 애들'이라는 말을 쓰며 다른 학교에서 온 아이들을 경계하고 비교하는데, 이러한 경향은 중간고사 이후까지 계속된다.

● **운동, 싸움으로 경쟁자를 없앤다** : 남자아이들 중에 신체 조건이 좋은 녀석들이 택하는 방법이다. 이미 초등학교 때부터 이름을 날렸던 아이들인데, 다른 학교 아이들과 섞이니 주변을 의식하지 않을 수 없는 것이다.

종목이 무엇이든 운동을 잘하는 아이는 인기가 높고 친구들의 부러움을 얻기 때문에 리더십을 발휘하기에 매우 좋다. 운동은 체력, 집중력은 물론 자기성찰의 기능을 하므로 아이가 잘하는 운동 한 가지를 가질 수 있게 돕자.

● **공부에 매진한다** : 엄마들이 가장 좋아하는 방법이다. 공부를 잘하는 아이들은 공부로 승부를 걸겠다고 다짐한다. 하지만 공부는 당장 무언가를 보여줄 수 있는 게 아니라서 공식적인 인정을 받으려면 중간고사까지 기다려야 한다.

그래도 학교에서는 성적이 가장 큰 힘이다. 결국 공부 잘하는 순서로 서열이 나뉘며, 공부 잘하는 아이는 누구도 무시하지 못한다. 단, 운동을 잘하는 아이는 누구나 다 좋아하지만 공부를 잘하는 아이는 미움이나 질투를 받기도 한다. 공부로 승부를 보려거든 인성도 훌륭해야 한다.

● **없는 듯 조용히 지낸다** : 친한 친구도 없고 공부든 운동이든 뭐 하나 잘하는 게 없다면 조용히 없는 듯 지내는 게 상책이다. 이러한 아이들은 누가 가르쳐주지 않아도 자신이 어떻게 행동해야

하는지 안다. 그렇다고 속상해할 필요는 없다. 학교라는 환경이 내 아이에게 맞지 않을 뿐 사회는 다르고 세상은 또 다르다.

흔들리지 않는 자존감이 필요하다

낯선 환경에서의 심리적 위축, 긴장, 비상 모드를 건강하게 넘길 수 있는 힘은 내면에서 나온다. '지금 친구가 없어도 괜찮아. 내가 어떤 아이인지 알게 되면 곧 나를 좋아하게 될 거야', '저 아이들은 되게 재밌게 노네. 나도 옆에 가서 말을 걸어볼까?' 이렇게 긍정적으로 생각하고 행동할 수 있는 아이들은 자존감이 높은 아이들이다. 자존감이 낮은 아이들은 '친구가 없어서 계속 왕따로 지내면 어떻게 하지?', '먼저 말 걸었다가 괜히 무시만 당하는 거 아니야?' 라는 불안감에 어떤 행동도 하지 못한다.

자기를 신뢰하는 마음, 자기를 존중하는 마음은 주변 사람들이 자신을 어떻게 평가했느냐에 따라 달라진다. 독일 의대 교수이자 정신과 의사인 요하임 바우어 박사는 "아이들을 믿고 지켜봐주며 격려하고 바르게 평가하고 인정해주면 아이들은 스스로를 가치 있게 느낀다"고 했다. 이러한 느낌은 일시적인 감정이나 감동이 아니다. 삶에 대한 에너지와 동기, 쾌감을 담당하는 신경생물학적 중추에서 전달물질인 도파민, 옥시토신, 오피오이드를 더욱 활발히 생산한 결과이기 때문이다. 반면 신뢰와 인정을 충분히 받지 못하면 그 전달물질을 대신할 대리자극물질을 찾게 되는데 그것이 바로 술, 담배, 인터넷, 컴퓨터게임 등이다. 대리자극은 그 자극 자체에 대한 욕구를 지속시키려는 동기에만 영향을 줄 뿐이어서 매우 치명적이다.

따라서 입학 후 엄마들은 아이에 대한 신뢰와 인정, 바른 평가와 격려, 구체적인 칭찬으로 무장해야 한다. 단, "예쁜 우리 아들, 학교 잘 갔다 와쪄요?" 같은 '우쭈쭈' 식 말은 의미가 없다. "학교에서 아무것도 안 하는 것 같아도 하루 종일 긴장하다 집에 오면 피곤한 거야. 씻고 일찍 자거라"와 같이 아이들의 상황을 이해하는, 구체적이고 따뜻한 토닥임이 필요하다.

 마음에 새겨질 한마디면 충분해요

중3 학생입니다. 저는 중1 때 열심히 공부하기로 다짐을 했어요. 제가 사는 동네에 아파트 재건축이 시작되면서 고층 아파트 단지가 생겼거든요. 제가 배정된 중학교에는 그 아파트 아이들이 거의 다 들어왔고, 제가 다니던 초등학교에서는 두 명만 그 학교에 가게 됐어요.

그 아파트 아이들은 같은 초등학교 출신들이었어요. 완전 그 초등학교에 전학 간 기분이었습니다. 매일 혼자 학교를 오가고 혼자 밥을 먹다 보니 공부를 열심히 해야겠다는 생각이 들더라고요. 그래서 나름 노력을 했습니다. 그런데도 첫 중간고사는 반에서 16등이었어요. 굉장히 실망스러웠지요. 조용히 공부만 하던 저를 은근히 신경 쓰던 아이들도 '별거 아니네' 하는 눈치였어요. 부모님께 성적을 말씀드리자 저의 마음을 모두 알고 계셨던 아빠가 한마디를 하셨어요.

"수고했다. 다음 시험에서는 한 자리 등수를 받아 오거라. 넌 할 수 있어."

정말 하고 싶은 말씀이 많으셨겠지만 딱 이 말뿐이었습니다. "넌 할 수 있어"가 귀에 쟁쟁 울렸습니다. 실망하고 앉아 있을 수가 없었습니다. 그래서 더 공부를 열심히 했지요. 그 결과 다음 시험에서는 거짓말처럼 한 자리 등수를 받았어요. 9등이었습니다. 지금은 1등을 합니다. 하지만 아빠는 지금 제가 1등 성적표를 받은 것보다 그때 9등 성적표를 보여드렸을 때 더 기뻐하셨습니다. 아빠도 저만큼이나 마음 졸이며 저를 응원하셨다는 걸 느낄 수 있었어요.

저를 믿고 말없이 지켜봐주신 것이 지금도 감사합니다. "넌 할 수 있어" 그 한마디가 저를 일으켰습니다. 마음에 새겨질 한마디면 충분합니다.

08
등교 첫날의 최대 고민

> 설레고 긴장되는 중학교 입학. 첫 등교를 앞두고 아이들의 최대 고민은 '누구랑 밥 먹지?'다. 누구랑 밥 먹을지 아이와 이야기를 나눠보자. 남들 신경 안 쓰고 혼자 밥 먹는 것도 편하고 즐거운 경험이라는 사실을 알려주고, 자신처럼 혼자인 아이에게 먼저 말을 걸어보라고도 권하자. 모두들 낯선 환경에 위축되어 있는 등교 첫날, 먼저 웃고 말 거는 사람이 승자다.

'누구랑 밥 먹지?'

남편이 직장을 옮겼다고 가정하자. 직속 상사가 학교 선배라며 부부 동반 저녁 식사 약속을 했으니 함께 가자고 한다면 어떻게 할까? 우선, 남편에게 이런저런 질문을 하게 될 것이다.

"어떤 선배? 나도 아는 사람이야? 옛날에 친했어? 어디 사는데? 몇 살이야? 날짜는?"

여러 가지 궁금증이 해결되고 나면 한 가지 아주 중요한 고민이 피어날 것이다.

'뭘 입고 가지?'

아이들도 마찬가지다. 중학교 입학을 앞두고 '담임선생님은 어떤 분일까, 반 친구들은 괜찮을까, 공부는 잘할 수 있을까' 이런저런 생각이 많겠지만 당장 내 발등에 떨어진 현실적인 고민은 '누구랑 밥 먹지?'다.

여러 학교 아이들이 모이니 같은 반에 같은 학교 친구가 한 명이라도 있다면 다행이다. 그 아이가 내가 정말 싫어하던 아이라도 당분간은 같이 밥 먹을 친구가 생기는 셈이니 말이다.

어른들은 밥 좀 혼자 먹으면 어떠냐고 생각할지 모르지만 또래 관계가 무엇보다 중요한 사춘기 아이들에게는 그렇지 않다. 혼자 있는 게 불안하며, 다른 친구들에게 혼자 있는 모습을 보이는 게 신경 쓰인다. 다들 삼삼오오 시끌벅적한데 그 사이에서 혼자 조용히 밥을 먹어야 한다는 건 견디기 어려운 일이다. 실제로 아는 친구가 한 명도 없어 일주일 동안 점심을 먹지 않은 아이도 있었다. 이런 경우를 고려해 어떤 선생님은 새 친구도 사귈 겸 번호 순서대로 '밥 짝'을 정해 함께 점심을 먹도록 하는데, 참 지혜로운 방법이다.

그러니 입학 전 점심 먹을 친구는 있는지 챙겨주자. 혹시 아는 애가 아무도 없더라도 의기소침해지지 않고 혼자 밥을 먹을 수 있도록 용기도 주자.

"너 밥 먹을 친구 있어?"

등교 첫날 함께 밥 먹을 친구가 없을 때 아이들은 그 난관을 어떻게 해결할까? 아이들의 행동을 관찰해보면 놀라울 만큼 전략적인 사회성을 발견할 수 있다.

우선 주변을 둘러보며 혼자인 애들을 파악한다. 우연히 옆에 앉은 짝이 혼자라면 "어느 학교에서 왔어?" 같은 대화를 하며 "너 밥 같이 먹을 친구 있어?"라고 묻는다.

혼자인 아이들을 파악하려면 쉬는 시간을 잘 살펴야 한다. 다른 반 친구를 찾아가거나 다른 반에서 친구들이 몰려와 수다를 떠는 애들은 언제라도 옆 반으로 가버릴 수 있으니 후보에서 제외한다. 쉬는 시간에도 혼자 있는 아이들을 눈여겨 살펴보다가 '쟤는 피아노 학원에서 본 거 같은데?' 정도의 구면이라면 어떻게라도 말을 걸어볼 수 있다. 마침 외로운 이들끼리 만났으니 서로 거부할 것 없이 당분간 밥을 같이 먹으며 친분을 쌓는다. 대부분 아이들은 "너 밥 먹을 친구 있어?"라고 물어오면 거부하지 않는다. 같이 먹을 친구가 있더라도 그 자리에 끼워준다. 아이들은 이렇게 낯선 환경에서 살아남는다.

그러니 우리 애가 친구 없이 혼자서 밥 먹을까 봐 걱정하지 말

자. 자존심 버리고 싱글싱글 웃으며 먼저 다가가 인사하고 말 걸면 된다고 알려주자. 누군가를 내 편으로 만들기 위해서는 약간의 뻔뻔함과 오글거림도 필요하다고. 그리고 엄마로서 전전긍긍 걱정하지 말자. 수줍어서 그렇게 못할 것 같은 아이도 학기 초에는 놀라운 사회성을 발휘한다.

협동 · 상호성 · 용서

이와 관련된 재미있는 실험이 있다. 살아 있는 존재처럼 행동하는 컴퓨터 프로그램들 중에서 가장 우수한 것을 가리는 토너먼트를 연 것이다.

각 프로그램에는 저마다의 행동법칙이 있었다. 어떤 프로그램은 되도록 빨리 다른 프로그램에 접근하여 그 프로그램의 점수를 빼앗았고, 어떤 프로그램은 다른 프로그램들과의 접촉을 피하고 혼자 하려고 애쓰면서 자기 점수를 지켜나갔다. 남이 적대적으로 나오면 그만두라고 경고한 뒤 벌을 가하는 방식이나, 협동하는 척 하다가 기습적으로 배신하는 방식으로 경기를 하는 프로그램들도 있었다. 각 프로그램은 경쟁자들 하나하나와 200차례씩 경기했다.

최종 승리를 거둔 프로그램은 무엇이었을까? 놀랍게도 '협동 · 상호성 · 용서'라는 다소 물렁해 보이는 행동법칙을 가진 프로그램이었다. 그보다 훨씬 더 놀라운 사실은 협동 · 상호성 · 용서 프로그램이 다른 프로그램들 속에 놓이면 처음에는 공격적인 프로그램들을 상대로 점수를 잃지만 결국 승리를 거두고, 시간이 흐를수록 다른 프로그램들의 행동에까지 영향을 미친다는 점이다. 즉 이웃한 프로그램들은 그 프로그램이 점수를 모으는 것이 가장 효율적이라는 사실을 깨닫고 협력을 하다가 마침내 그 프로그램과 똑같은 태도를 취했다.

인간이 어떤 원칙으로 살아가야 하는지가 이 실험으로 입증된 셈이다. 이 원리에 따르면 "나랑 같이 밥 먹을래?" 하며 먼저 손을 내미는 것은 처음에는 초라해 보이고 거절당할 수 있다는 두려움이 있겠지만 나중에는 더 많은 친구를 사귀고 다른 친구들에게도 좋은 영향력을 끼친다. 입학 첫날 누구와 밥 먹을지를 고민한다면 이 흥미로운 실험을 꼭 이야기해주자.

Q&A 새 친구를 사귀지 않고 옆 반 친구들과 밥을 먹습니다

Q 딸아이가 중1입니다. 초등학교 때 친하던 친구 두 명과 같은 학교에 배정받았습니다. 그런데 반이 달라서 두 명은 같은 반이고 제 딸만 혼자 다른 반이에요. 딸아이는 무척 속상해하며 틈만 나면 그 친구들 반으로 달려갑니다. 그 아이들은 어차피 친하니 같은 반에서 새 친구들을 사귀어보라고 해도 싫대요. 자기네 반

아이들은 이미 친한 애들이 다 정해져 있어서 자기가 끼어들 수 없다고 합니다. 이러다 정작 자기 반에서는 왕따가 될까 걱정이에요.

A 학기 초에 아이들은 '내 편 찾기'에 바쁩니다. 매우 정치적인 모습을 보이지요. 딸아이가 다른 반으로 가는 이유는 우리 반에 친한 아이가 없어서이기도 하지만 나만 빼고 그 친구 둘이 단짝이 되는 게 싫어서이기도 할 것입니다. 여자아이들 사이의 흔한 감정이지요.

4~5월쯤 되어 학교생활에 적응을 하면 또래 관계의 모습도 달라집니다. 아무래도 반 아이들과 보내는 시간이 많아지니 자연스럽게 같은 반에 친한 친구가 생길 것입니다. 중학교 친구들은 초등학교 때 친구랑은 달라서 조금 더 어른스럽고 편안하지요. 생각보다 새로운 친구들을 쉽게 사귈 것이니 너무 걱정 마세요.

09
아이가 왕따 당하면 어쩌지?

초등학생들이 나와 다른 아이를 따돌리는 경향이 있다면 중학생들은 마음이 나쁜 아이를 따돌린다. 내면이 성숙한 까닭이다. 거짓말을 자주 하고 가식적으로 행동하는 아이들은 중학교 왕따 1순위다. 바른 언행의 뿌리는 자존감이므로, 아이가 왕따 당할까 걱정된다면 아이의 자존감을 점검하자. 아울러 누구에게나 좋은 친구 되기를 노력하는 것이 가장 근본적인 해결책임을 알려주어야 한다.

이런 아이가 왕따 당한다

말투가 싸가지 없음

가식적으로 행동함

> 선배들과 친한 척함
> 뭐든 빌려달라고 함
> 힘없는 애들을 막 대함
> 센 척 작렬

중1 종민이가 같은 반 친구에 대해 적은 내용이다. 그러고는 한마디 덧붙인다.

"얘는 우리 반 애들이 다 싫어해요."

종민이의 말대로라면 그 아이는 '이기적이고(뭐든 빌려다 씀) 예의를 모르며(싸가지 없는 말투, 약자에게 함부로 함) 언행에 진실함이 없다(가식적인 행동, 선배들과 친한 척, 센 척)'. 반 전체가 그 아이를 싫어해서 매일 누구랑 싸우고 전교 짱한테 맞기도 했지만 그 아이는 자기가 왕따라는 생각을 전혀 하지 않는다고 한다. 이런 사람이 이웃에 있다면 부모인 당신은 어떨까? 아마 대부분의 어른들은 티는 내지 않은 채 그 사람과는 가까이 지내지 않을 것이다. 아이들도 마찬가지다. 차이라면 싸우고 괴롭히며 싫은 티를 내는 것뿐이다.

대인관계의 핵심은 자존감

그 아이는 왜 그렇게 행동하는 걸까? 자존감이 낮기 때문이다. 내 속에 내세울 것이 없으니 센 척을 하고 선배들과 친한 척하며 힘없는 애들을 무시한다. 나를 그대로 보여줄 수 없으니 가식적으로 행동하는 것이다.

그 아이가 그렇게 된 근원은 부모에게 있을 가능성이 높다. 충분히 인정받지 못하며 자란 아이들의 마음은 이렇게 못날 수밖에 없다. 자존감이 낮더라도 타인에게 피해를 주는 행동은 하지 말아야 하는데 무엇이든 남에게 빌려 쓰는 등(잘 썼다고 고마워하며 돌려줄 리도 없다) 이기적이고 개념 없이 행동하는 것은 부모에게 기본적인 교육을 받지 못했다는 것을 의미한다. 이런 아이들은 대부분 자신을 충분히 인정해주고 바르게 가르쳐줄 부모가 없다. 부모가 있어도 일찍 이혼했거나 부부 사이가 좋지 않아 가정이나 자녀 교육에 무관심한 부모 밑에서 자랐을 확률이 높다.

종민이가 말한 왕따의 특징을 모두 반대로 생각해보면 어떨까?

말투가 온화함
겸손하게 행동함
언제나 솔직히 이야기함
뭐든 잘 빌려줌
힘없는 애들을 보호함

이타적이고 예의 바르며 언행이 진솔한 아이. 종민이네 반에 이런 친구가 있다면 누구나 그 아이를 좋아할 것이다. 당연히 친구도 많고 인기도 많으며, 임원 선거에 나간다면 몰표를 받을 것이다. 아이들만이 아니라 엄마들도 입이 마르게 그 아이를 칭찬할 것이다. 우리 이웃에 그런 사람이 산다면 어른들도 분명 좋아할 것이다.

마찬가지로, 저렇게 좋은 모습의 근원 또한 자존감이다. 단단한 자존감이 내면에 버티고 있는 것이다. 자존감이 높으면 자신의 약점을 인정하고 솔직히 말할 수 있으며 있는 그대로 행동할 수 있다. 나를 소중히 여기니 강자든 약자든 남들도 소중히 여길 줄 안다. 이러한 자존감은 노력으로 얻는 게 아니다. 어려서부터 자연스럽게 형성되고 쌓여온 것이다.

내 아이가 중학교에 가서 왕따 당하지 않을까 걱정이 된다면 아이의 자존감부터 점검하자.

왕따 될까 두려워 말고 좋은 친구 되기를 노력하자

적극적인 공격이 가장 완벽한 수비다. 아이가 "엄마, 나 왕따 당하면 어떻게 하지?" 하고 물으면 "그런 걱정을 왜 하니? 누구에게든 좋은 친구가 되도록 노력해. 그러면 네 주변에 친구들이 모이게 될 거야"라고 답해주자. 최악의 상황을 피하려는 소극성은 친구 관계에서도 공부에서도 바람직한 결과를 가져오지 않는다.

가장 좋은 상황을 떠올리며 행동하도록 가르쳐야 한다. 혹시 부당한 이유로 따돌림을 받는 친구가 있다면 유일한 친구가 되어

줄 수도 있어야 한다. 왕따는 직접적으로 괴롭히는 몇 명보다 그 상황을 방관하는 대다수 아이들 때문에 만들어진다. 왕따에 무관심한 친구들도 가해자가 될 수 있다는 것을 알려주자.

 아들이 초등 시절 ADHD 진단을 받았는데, 중학교 가서 왕따 당하지 않을까요?

Q 우리 아들은 초등학교 때 ADHD 진단을 받았습니다. 의사 선생님은 약물 치료를 권하셨지만 저는 그렇게까지 하고 싶지 않아 일부러 병원을 피했어요. 고학년이 되면서 조금 나아졌지만 그래도 걱정입니다. 초등학교 때는 담임선생님의 배려로 놀리거나 괴롭히는 친구들로부터 보호를 받을 수 있었는데 중학교 때는 어떨지요?

A ADHD는 남자아이들에게서 많이 나타나는데 학자들은 그 이유를 발달의 차이라고 보기도 합니다. 여자아이들에 비해 발달시켜야 하는 근육량이 많고 초등학교를 입학할 무렵은 대근육이 발달하는 시기이므로 산만하게 보일 수 있다는 것이죠. 어릴 때 ADHD 진단을 받았다 해도 성장의 균형이 잡혀가면서 자연스럽게 나아지는 경우가 많습니다.

초등학생들은 눈에 보이는 대로 다문화 가정의 자녀나 장애아 등 나와 다른 친구들을 따돌리거나 못생긴 아이들을 무시하는 경향이 있지만 중학생이 되면 내면이 성장하기 때문에 마음이 나쁜 아이들을 따돌립니다. 거짓말을 자주 하거나 허풍이 심한 아이, 배신을 하는 아이들이 왕따를 당하죠.

고학년이 되면서 나아졌다고 하니 다행입니다. 크게 걱정할 일은 벌어지지 않을 거예요. 오히려 학기 초에 자기소개를 할 기회가 있으면 자신의 약점을 말하라고 하세요. 그 점을 이해해주고 감싸달라고 먼저 손을 내밀면 의리를 중시하는 사춘기 아이들은 손을 맞잡아준답니다.

10
선배들은 무섭지 않을까?

> 물론 중학교 선배들은 무섭다. 유난히 선후배 사이가 엄격한 학교도 있고 질 나쁜 선배들에게 잘못 걸릴 수도 있다. 하지만 모든 것을 부모가 해결해줄 수는 없는 일. 조금씩 어른이 되어가고 있으니 무서운 선배들을 겪으며 어른들 세상에서 살아가는 방법도 익혀나가야 한다. 스스로 겪도록 하되 언제라도 기댈 수 있는 부모가 있다는 안정감도 주자.

처음 겪는 선후배 세계

중학교에 가면 선배들이 무섭다는 생각에 아이들은 겁을 먹는다. 엄마도 아이가 선배들에게 맞지는 않을지 걱정한다. 초등학교 때 이미 어떤 선배가 누굴 찍었다느니, 어떤 학교는 선배들이 장난 아니라느니 하며 이런저런 소문들이 떠돌기도 한다.

중학생이 된 아이들이 겪는 어색함 중 가장 큰 것은 선배에게 존댓말을 쓰는 것이다. 인사도 어른한테 하듯 고개 숙여 "안녕하세요" 한다. 초등학교 때는 나보다 한두 살 많아도 호칭만 형, 언니라고 했지 그냥 반말을 쓰며 같이 놀았는데 중학교에 가니 그게 아닌 것이다. 엄마에게도 안 쓰는 존댓말을 달랑 한 살 많은 선배에게 써야 하니, 그것만으로도 아이들은 선배를 만만하게 보지 못한다.

그렇다고 선배가 무서운 존재만은 아니다. 동아리나 교회 등의 모임에서 친해진 선배들만큼 든든한 울타리가 없다. 선배들을 통해 공부하는 방법이나 학교생활, 선생님에 대한 조언 등 엄마가 알려줄 수 없는 생생한 정보를 얻기도 하고, 학교에서 마주치면 선배와의 친분을 과시하며 친구들에게 으쓱거릴 수도 있다.

부모가 도와줄 수 없는 영역

중학교에 입학한 지 얼마 안 된 녀석이 집에 돌아와서 그날 있었던 일을 쏟아놓는다.

"엄마, 오늘 매점에 갔는데 줄이 엄청 길었거든. 그런데 3학년 형들이 맨 앞으로 가더니 줄 서 있는 애들한테 뭘 사다달라고 막 시키는 거야. 맨 앞에 서면 형들 심부름해야 돼. 2학년들은 줄을 서긴 서는데 친한 애 있으면 막 끼어들어. 그래서 1학년들만 손해

본다니까."

아이들은 이런 경험을 통해 선배들의 '권력'을 느낀다. 처음엔 매점에서 만난 선배들이 무서워 졸기도 하지만 곧 그런 식의 상하 관계에 익숙해진다.

문제가 되는 건 매점에서 줄을 서지 않는 형들이 아니다. 골칫 거리는 앞줄에 서 있는 후배들에게 뭘 사다달라고 시켜놓고는 돈을 주지 않는 형들이다. 우리 아이도 이런 질 나쁜 선배들에게 걸릴 수 있다. 그럴 경우 아이는 겁을 덜컥 먹지만 그렇다고 엄마에게 솔직히 말하지는 않는다. 엄마가 어떻게 해줄 수 없다는 걸 알기 때문이다. 또래 관계, 선후배 관계는 그들만의 세계다. 부모가 도와줄 수 없는, 도와주어서는 안 되는 영역이다.

피해가 반복되거나 아이가 크게 힘들어하는 경우가 아니라면 부모는 응원하며 지켜보는 게 가장 좋다. 그러면서 아이들은 강해지고 큰다. 마치 부부 관계 같다. 둘만의 세계라서 갈등이 있더라도 스스로 해결하는 것이 가장 바람직한 관계 말이다.

아이가 선배와 어떤 문제가 생겼다면 다독이고 용기를 주자. 스스로 견뎌내는 것이 가장 좋으며, 엄마 아빠가 지켜보고 있으니 걱정 말라고 이야기해주는 것으로 충분하다.

"스트레스 받겠지만 그러면서 너도 강해지는 거야. 엄마가 나서지 않을게. 그걸 너도 바라지 않을 테니까. 선생님께 말씀드리든 선배와 맞짱을 뜨든 네가 할 수 있는 방법으로 노력하고 견뎌봐. 그러다 정 힘들면 엄마한테 얘기해. 네가 곤란하지 않을 범위에서 도와줄게. 괜찮지?"

이렇게 말해주면 된다.

아이들 세계의 문제는 어른들의 걱정만큼 심각하지도 오래가지도 않는다. 부모가 아이에게 신뢰를 보인다면 아이도 부쩍 큰 모습으로 문제에서 빠져나온다.

좋은 선배 이야기를 들려주자

무섭고 위험한 선배들도 있지만 세상이 어디 어둡기만 하던가. 좋은 선배들도 많다. 선배를 통해 좋은 책을 읽기도 하고, 선배가 공부하는 모습에 자극을 받아 선배를 따라 독서실에 다니기도 한다. 아이들에게는 좋은 선배들에 대한 이야기를 많이 들려주자. 엄마의 경험담도 좋다.

"선배들 조심해"라고 바짝 긴장을 시키면 아이들은 선배를 피하기만 할 것이다. "선배는 친구가 줄 수 없는 걸 줄 수 있는 사람들이야. 모르는 걸 물어볼 수도 있고 친구들처럼 유치하지 않잖아. 어떤 선배를 만나든 좋은 후배가 되도록 노력해"라고 격려하자. 이왕 선후배 세계에 뛰어들었으니 좋은 선배를 찾아 눈을 반짝이는 아이가 되어야 하지 않겠는가.

예쁜 딸아이를 질투하는 선배들이 있습니다

Q 아이를 초등학교 때까지는 집 근처 공부방에 보내다가 중학교에 들어가면서 큰 학원으로 옮겼습니다. 그런데 학원 언니들이 딸아이에게 뭐라고 하는 모양이에요. 방향이 같은 고등학생 오빠들과 학원 버스를 같이 타는데, 그 언니들 중 한 명이 좋아하는 고등학생 오빠가 제 딸아이와 같은 버스를 타나 봐요. 한번은 그 고등학생 오빠가 딸아이 옆자리에 앉았는데 그날 학원 언니들이 아이를 불러다가 '왜 실실 웃느냐', '재수 없다', '다음에 또 한번 걸려봐라' 하며 겁을 주었다고 합니다. 아이가 집에 와서 몰래 울더라고요. 어떻게 하면 좋을지 걱정이 됩니다.

A 우는 걸 들키지 않았다면 아이는 엄마에게 말을 하지 않았을 겁니다. 아이들은 그런 사건을 철저하게 '우리 세계의 일', '내가 알아서 할 일'이라고 생각하거든요. 엄마가 알게 되었더라도 학원에 전화를 걸어야겠다는 둥 호들갑을 떨어서는 안 됩니다. 아이들 세상에서 벌어지는 일은 스스로 겪으며 해결하는 것이 가장 좋아요.

우선은 "언니들이 무서웠겠구나. 그래도 겁만 주고 만 걸로 봐서는 그렇게 나쁜 언니들은 아닌 거 같아" 하고 위로와 공감을 해주세요. "불편하겠지만 언니들이 신경 쓰인다면 마을버스를 타고 학원에 가거라"라는 식으로 아이 수준에서 해결 가능한 대안을 내놓아야 합니다. 아이 수준에서 실천이 가능해야 하므로 "엄마가 데려다 줄게"라고 해서는 안 돼요. 그 후 "살다 보면 그런 일도 생기는 거야. 모든 사람들이 엄마 아빠처럼 너에게 친절한 건 아니니까. 그래도 정 힘이 들면 엄마에게 말해. 엄마가 도와줄 수 있는 방법을 생각해볼게"라고 안정감을 주세요. 아이가 큰 힘을 얻을 것입니다.

친구 관계, 선후배 사이 등 또래 관계에서 아이들에게 필요한 건 갈등을 이겨낼 마음의 힘입니다. 부모가 직접 해결하려 하지 마세요. 통찰력 있는 조언과 신뢰로 지켜보세요.

11
당신의 아이도 선생님이 눈여겨보는 학생이 될 수 있다

> 초등학교 때는 담임선생님한테만 잘 보이면 되었지만, 중학교는 다르다. 초등학교 때는 선생님이 아이들 이름을 부르며 질문을 하고 수업을 했지만, 중학교에서는 번호를 부른다. 그런데도 선생님들이 이름을 빨리 기억하는 아이가 있고 교무실에서 입을 모아 칭찬을 하는 아이가 있다. 선생님이 눈여겨보는 아이는 어떤 아이일까? 인사 잘하는 아이, 수업 태도가 좋은 아이, 솔선수범하는 아이들…… 이는 성공적인 삶을 산 사람들의 특징이기도 하다.

인사 잘하는 아이

학기 초, 아이들의 이름도 성적도 모르는 상태에서 선생님들은 학생들과 부딪치는 사소한 경험을 토대로 아이들을 머릿속에 인식해나간다.

학교에서 벌어지는 가장 일상적이면서도 중요한 사건은 인사다. 대부분은 고개만 까딱하는 인사로 지나가지만 늘 정성껏 인사를 하는 아이들이 있다. 특유의 명랑한 목소리로 "안녕하세요"를 외치는 아이, 가던 걸음을 멈추고 고개를 깊이 숙여 인사하는 아이, 멀리 있거나 뒤돌아 있는데도 선생님을 부르며 인사하는 아이…… 이런 아이들 앞에서는 선생님의 발걸음도 눈길도 멈춘다. 잠깐이지만 선생님들은 명찰을 보고 그 학생의 학년과 이름을 파악한다.

1학년 담당 선생님이라면 1학년 명찰 색깔에 특히 민감하게 반응할 것이다. 수업하러 들어간 교실에서 그 아이를 만나면 선생님은 그 아이를 다시금 눈여겨보게 된다. 인사는 인성을 함축하기 때문이다.

입학 후 일주일만 지나도 선생님들은 등굣길이나 복도에서 마주치는 아이들이 인사하는 모습을 통해 몇몇 아이들을 기억한다. 선생님께 좋은 인상을 남기는 가장 빠르고 정확한 방법이다.

인사는 선생님 마음속에 쌓는 태도 점수와 같다. 그러니 마주치는 모든 선생님들에게 공손히 인사를 하도록 지도해야 한다. 당장 우리 교실에 들어오는 선생님이 아니라도 2, 3학년이 되면 언젠가 만날 선생님들이다.

수업 태도가 좋은 아이

잠깐 지나가는 인사도 이렇게 중요한데 45분을 마주하는 수업은 얼마나 중요할까? 수업은 선생님과 학생 사이의 주제가 있는 대화요, 소통이다.

수업 시작부터 끝날 때까지 한결같은 집중력과 바른 자세를 유지하는 아이들은 선생님의 눈에 들어올 수밖에 없다. 신입생들은 학기 초에 누구나 긴장하니 수업 초반에는 누구나 좋은 태도를 보인다. 그러다가 20분 정도 지나면 본모습이 드러난다. 한 반에 30명이 있다면 10명은 딴짓을 하고, 10명은 수업과는 상관없는 생각을 하며, 나머지 10명 정도만 수업을 듣는다. 그 10명 중에서도 8~9명은 듣고 필기하며 수동적으로 수업을 따라갈 뿐이고, 선생님의 질문에 반응하고 소통하며 수업을 내 것으로 여기는 아이는 1~2명에 불과하다.

선생님도 바보가 아니니 어떤 학생이 나와 소통하고 있는지를 느낀다. 45분 내내 나와 생각을 나누며 수업을 한 아이, 그 아이를 어찌 기억하지 않을 수 있겠는가.

솔선수범하는 아이

반장도 주번도 정해지지 않은 학기 초는 선생님들에게 매우 불편한 시기다. 칠판 지우기, 노트북 설치하기, 교무실에 심부름 가기, 수업 전후에 인사하기, 핸드폰 수거하기 등 누군가는 해야 하는 일들이 수도 없이 많기 때문이다. 그나마 수업 전후에 "차렷! 경례!"를 외치는 건 폼이라도 나지만 칠판 지우기나 우유통 치우기 같은 궂은일들은 지원하는 학생이 없다. 그런데 모두 모른 척하는 그런 일들을 하겠다고 나서는 아이가 있다면? 그런 학생은 선생님이 눈여겨볼 수밖에 없다.

하루를 시작하는 조례시간, 아이들에게 나눠 줄 교과서 더미가 교실 복도에 놓여 있다고 하자. 선생님이 교실로 들어오며 지나가는 말처럼 한마디 한다.

"누가 나가서 교과서 좀 들고 와라. 혼자서는 무거울 거 같은데, 두세 명 정도 같이 나가."

이 말을 듣고 그 '누가'를 나라고 생각하는 아이가 몇 명이나 될까? 그래도 누군가는 나간다. 먼저 일어나 주변에 있는 친구들을 툭툭 건드려 데리고 나간다.

하루를 정리하는 종례시간(중학교에서는 담임선생님 얼굴 보는 시간이 짧다), 선생님이 교실로 들어오며 지나가는 말로 한마디 한다.

"수업 끝난 지가 언젠데 아직도 칠판이 그대로니? 누가 나와서 칠판 좀 닦아라."

나와 아무 상관없다는 듯 앉아 있는 아이들이 대부분이지만, 그 가운데서 누군가는 칠판을 지우러 나간다. 행동이 민첩하고 칠판을 깨끗하게 잘 지웠다면 선생님은 그 아이에게 어떤 임무를 줄지도 모른다.

"주번이 정해질 때까지 쉬는 시간마다 네가 책임지고 칠판 닦아라. 그 대신 태도 점수 1점 더해줄 거야."

여기저기서 들려오는 탄성 소리. 선생님들은 누가 시키지 않아도 그 상황에서 내가 할 수 있는 일을 찾아 하는 아이들을 눈여겨본다. 단지 앞에 앉았다는 이유로 임시 반장을 시키고, 덩치가 크다는 이유로 우유통을 치우라고 지시하는 게 아니다. 그 아이에게 그 일을 성실히 감당할 만한 씨앗이 있다는 걸 알기에 시킨다. 그런 아이들은 선생님의 신뢰만 얻는 것이 아니다. 친구들의 신뢰도 얻는다. 임시로 맡은 일을 잘해내면 한 학기 동안 그 일을 맡게 되고, 임명장이나 봉사상처럼 눈에 보이는 결과로 드러난다.

솔선수범은 세상을 살아가는 태도이며 생활 중에 몸에 배는 습관이라는 걸 가르치자.

소통하는 집중은 일대일 수업을 만든다

선생님은 벽을 보고 수업하지 않는다. 아이들의 눈빛과 끄덕임 같은 신호를 보고 다음 진도로 넘어가거나 설명을 한 번 더 하기도 한다.

문제는, 이렇게 반응하는 아이들이 많지 않다는 것이다. 수업이 진행되고 내용이 깊어질수록 선생님이 주시할 만한 학생은 줄어들어 결국 한두 명에 한정된다. 실제로 최상위권 성적을 내는 학생들은 선생님이 자신의 리듬에 맞춰 수업한다는 것을 느낀다. 아무나 느낄 수 없는 쾌감이다.

엄마들은 선행학습 때문에 아이들이 학교 수업을 시시하게 여긴다고 걱정한다. 하지만 그런 아이들은 조금 아는 것을 다 안다고 착각하거나, 수업에 집중해보지 않은 아이들이다. 수업 태도는 선행학습 여부와는 상관없는 습관이다. 오히려 수업의 흐름을 예상할 수 있는 예습이 필요하다. 선행학습을 했다면 수업을 더 잘 이해할 수 있고 어려운 질문에도 대답할 수 있다. 같은 내용이라도 들을 때마다 배울 거리가 생기는 게 공부라는 걸 알려주자.

소통하는 집중은 단지 선생님의 눈에 들기 위한 눈치작전이 아니다. 공교육의 한복판에서 일대일 수업을 누리는 학습 전략이다.

12
천태만상 중1 교실, 우리 아이는?

학기 초 1학년 교무실은 신입생에 대한 이야기로 가득하다. 웃음꽃이 필 때도 있지만 당장 사표를 내고 싶을 만큼 기운이 빠질 때도 있다. 중1 선생님들을 힘들게 하는 건 무엇일까? 선생님들의 공통적인 하소연은 소란한 교실 분위기와 예의 없는 아이들의 태도, 여러 번 설명해야 하는 답답함이다. 혹시 우리 아이가 해당되는 건 아닐까. 아래 내용을 참고해 지도하자.

소란한 교실 분위기

중1 교실은 시끄럽다. 애들 떠드는 거야 당연한 일이지만, 쉬는 시간은 물론 수업종이 울리고 선생님이 들어왔는데도 목소리 크기는 전혀 줄어들지 않는다. 이 점이 2, 3학년과 다르다. 수업 도

중에도 웅성거림은 그치지 않는다. 2, 3학년 교실에는 수업을 듣지 않거나 자는 아이들은 있어도 수업 시간에 대놓고 떠드는 아이는 거의 없다. 그러나 1학년 교실에서는 조는 아이들보다 장난치고 떠드는 아이들이 더 많다. 한두 명이라도 수업에 집중하는 아이가 있어야 하는데, 그런 아이들조차 찾기 힘들다.

왜 그럴까? 이유는 세 가지다. 첫째, 초등학교 때 놀이식 수업을 받다 보니 수업에 대한 권위와 진중한 분위기를 모르기 때문이다. 둘째, 과도한 선행학습으로 수업 내용에 대한 긴장감이 없기 때문이다. 마지막으로, 중학생이 되었다는 부담과 스트레스를 웃고 떠드는 것으로 가리려는 심리도 작용한다. 선생님들도 그런 마음을 알지만, 사람인지라 힘이 빠지고 아이들을 꾸중하게 된다.

우리 아이는 어떤가? 아이가 "엄마, 우리 반 너무 시끄러워. 수업을 못 들을 정도야"라고 걱정을 한다면 다행이다. 소란한 분위기에 빠져 있지 않고 객관적으로 학급의 상황을 파악하고 있다는 얘기이기 때문이다. 그럴 때는 "그래도 네가 할 바만 다 하면 되는 거야. 시끄러워도 수업 시간에 집중하려고 노력해. 그러면 선생님은 널 보면서 수업하게 될 거야"라고 격려하자. 떠드는 아이들을 비난하거나 그걸 그냥 놓아둔다고 선생님을 욕해서는 안 된다. 아이에게 도움이 안될뿐더러 오히려 부정적인 관점을 심어주게 된다.

예의 없는 아이들

쉽게 말해, 개념 없는 아이들이다. 선생님이 앞에서 수업을 하는데도 큰 소리로 떠들거나 이어폰을 꽂은 채 몸으로 리듬을 타며 음악을 듣는다. 한 반에 한두 명이지만 교실 전체를 산만하게 만들고, 껄렁거리는 행동이 금방 번져서 몇몇 아이들이 무리를 이루는 계기를 만든다.

예의 없는 아이들은 공부를 포기한 아이들, 공부를 포기할 만큼 마음이 닫힌 아이들, 마음이 닫힐 만큼 상처가 있는 아이들이다. 반복되는 좌절감으로 '난 다 포기했으니 마음대로 해보세요' 상태에 이른 것이다. 문제의 근원은 보통 가정인데, 강압적인 양육 환경에서 튕겨 나왔거나 이혼이나 폭력 등 가정불화를 겪은 경우가 많다.

문제는 이런 아이들이 점점 많아진다는 것이다. 이전에는 1학년 전체에서 한두 명 있을까 말까 했는데 요즘은 한 반에 몇 명씩이다. 이 아이들은 학년이 올라갈수록 왕따와 학교폭력, 절도, 흡연 등의 문제에 연루될 가능성이 높아 학교 차원에서도 바짝 신경을 쓴다. 1학년 때 바로잡는 것이 무엇보다 중요하기 때문이다.

엄마들은 우리 아이가 저런 아이들과 어울릴까 봐 걱정한다. 하지만 걱정 말자. 아이들은 직감으로 누가 나와 같은 부류인지 파악하며, 평범한 가정에서 별 탈 없이 자란 아이들은 비슷한 환경의 친구들과 마음이 통하게 마련이다.

그렇더라도 할 수만 있다면 거친 아이들을 품어주자. 동네에서 만나면 따뜻하게 인사를 건네고, 가까이에 산다면 집으로 불러 가끔 간식도 챙겨주자. 그것이 어른의 몫이다. 이제 열네 살인 아이가 무슨 죄인가. 내 아이도 바람직하지 못한 양육 환경에서 컸다면 그 아이처럼 됐을지 모른다.

아이에게도 '행동은 나쁘지만 불쌍한 친구'라고 말해주자. 그런 엄마의 모습을 보며 더욱 큰 마음, 바른 마음을 품을 것이다.

반복해야 하는 설명

교복 규정부터 급식 안내, 학사 일정, 임시 시간표 등 학기 초에는 공지사항이 많다. 담임선생님은 조례나 종례 시간에 이 내용들을 담은 가정통신문을 나누어 주고 간단히 설명한다. 하지만 아이들은 귓등으로 흘러듣는다. 초등학교 때처럼 "박수 다섯 번, 여기 보세요" 하며 교탁을 탕탕 치는 등 주의집중을 위한 별도의 지시가 없기 때문이다.

중학교 선생님들은 중고등학교를 오가며 근무하기 때문에 그런 식의 친절한 안내에 익숙하지 않다. 그나마 중1 담임선생님들은 아이들의 상태를 잘 알기 때문에 노력을 하지만 담임이 아닌 교과선생님들은 또 다르다. 수행평가 일정이나 채점 기준, 시험 범위 등을 아이들에게 떠먹여주지 않는다는 말이다.

중1 아이들은 설명이 끝난 후 "네? 다시 한 번 얘기해주세요"

라고 하거나, 시도 때도 없이 메시지를 보내 숙제가 뭐였는지 묻기도 한다. 내 아이가 그러면 엄마인 나도 속이 터지는데 수십 명을 상대해야 하는 선생님은 오죽하겠는가. 내 아이만큼은 선생님 속을 뒤집지 않도록 지도하자. 선생님이 말씀하시는 것은 무엇이든 집중해서 잘 듣고, 중요한 공지사항은 알림장을 준비해 내용을 기록해야 한다. 혹시 아는가. 그런 행동이 선생님의 눈에 띄어 중요한 역할을 맡기실지.

 1학기에는 제대로 된 수업이 어려울 정도였습니다

중1 딸을 둔 엄마입니다. 딸아이의 반은 1학년 전체 학급 중 꼴찌를 하는 반입니다. 아이 말에 따르면, 수업 분위기가 너무 안 좋고 아이들도 전혀 공부를 하지 않는다고 합니다. 한번은 아이가 두 시간이나 늦게 집에 왔습니다. 무슨 일이냐고 물었더니 영어 선생님이 "너희 반은 도저히 수업을 할 수 없으니 방과 후에 남아서 본문을 다섯 번씩 쓰고 가라"고 했다는 겁니다. 본문을 다섯 번 쓰는 데 두 시간이나 걸리냐고 했더니 도망간 아이들을 다시 불러서 돌아올 때까지 기다렸답니다.

그런 식으로 한 학기가 지나갔습니다. 영어만이 아니라 다른 과목 수업도 엉망이었겠죠. 학교 수업을 기대할 수 없으니 공부는 집에서 해야 했습니다. 학교에서는 '오늘 진도 여기까지 나갔다'를 알아오는 정도였어요. 걱정이 되기도 했지만 아이와 공부하며 재밌기도 했습니다. 아이는 선생님 흉내를 내면서 저에게 수업을 하기도 했어요. 2학기가 되면서 수업이 좀 안정되기는 했지만 아이는 여전히 1학기 때처럼 공부합니다.

수업 분위기가 좋으면 집중도 잘되고 공부하기에도 좋겠지요. 하지만 그렇지 못한 경우가 훨씬 많잖아요. 충실히 내 공부를 하는 수밖에 없는 것 같아요. 엄마가 먼저 긍정적으로 마음을 다잡아야 해요. 끈기 있게 도와주면 아이에게 유익이 됩니다.

결국 1학년 1학기의 경험은 아이에게 좋은 밑거름이 되었습니다.

13
과목별 수업 운영 방식 파악하기

> 초등학생은 담임선생님만 잘 만나면 1년 공부와 학교생활을 잘 할 수 있지만 중학생들은 사정이 다르다. 1년 공부 농사를 잘 짓기 위해서는 담임선생님뿐만 아니라 모든 과목의 선생님들에게까지 각별한 관심을 기울여야 한다. 선생님들의 수업 운영 방식, 과제 부여 방식 등을 파악해두어야 효과적인 과목별 공부 전략을 세울 수 있다.

수업 방식에 따라 성적이 달라지는 아이들

중3이 되는 재용이는 다른 친구들보다 국사를 잘한다. 1학년 때 국사를 가르쳐준 선생님 덕분이다. 그 선생님은 수업이 시작하기 전 지난 시간에 배운 내용을 아무나 불러 질문하셨는데, 그 긴장감 때문에 매시간 수업 내용을 복습한 것이 효과가 컸다. 이해를 돕기 위해 사진 자료를 자주 보여주신 것도 좋았고, 그림을 그리며 설명한 내용도 기억에 오래 남았다. 인터넷 강의나 학원 수업은 전혀 듣지 않았는데도 시험을 보면 많아야 두 개 정도다.

수업 시작 전 지난 시간에 배운 내용을 확인하는 수업 방식이 재용이의 국사 공부에 큰 도움이 된 것이다. 대답을 못한다고 크게 잘못되는 건 아니지만 기습 질문이 불러일으키는 긴장감이 재용이가 스스로 복습하게 하는 원동력이 된 것이다.

이처럼 수업 방식에 따라 과목별 학습 효과가 달라진다. 게다가 '수업 시작 전 이전 시간의 내용을 복습하면 도움이 되는구나'라는 성공 경험은 재용이가 다른 과목을 공부할 때도 도움이 될 수 있다.

다양한 수업 방식

학생마다 공부하는 스타일이 다르듯 선생님마다 수업을 이끌어가는 방식이 다르다. 매시간 쪽지시험을 봐서 지난 시간의 수업 내용을 확인하는 선생님도 있고, 수업 시간 내내 무작위로 번호를 불러 질문을 던짐으로써 아이들의 집중을 이끌어내는 선생님도 있다. 선생님의 수업 전략을 알면 아이에게 유리하게 이용할 수 있다.

학기 시작 후 2주 정도는 과목별 선생님의 수업 진행 방식을 탐색하는 기간으로 삼아야 한다. 선생님들의 수업 운영 방식을 몇 가지 제시하니 참고하여 과목별 선생님의 수업 스타일을 파악하고 아이가 잘 적응할 수 있게 돕자.

● 수업 시작 전, 전 시간에 배운 내용을 다시 정리하는가? : 선생님이 설명으로 요약하기도 하고 몇몇 학생에게 질문을 하기도 한다. 선생님이 요약을 해주시더라도 머릿속에 복습이 잘되어 있다면 설명하는 내용을 더 잘 기억할 수 있다. 쉬는 시간에라도 이전 수업 내용을 다시 훑어보는 것이 좋다. 기습 질문이나 쪽지 시험을 본다면 전날 밤에 제대로 복습을 해야 한다. 답을 몰라 머뭇거리는 불안감이 쌓이면 그 과목이 점점 싫어지기 때문이다. 반대로, 정답을 맞히는 쾌감이 반복되면 그 과목에 자신감이 생긴다.

● 수업 후 다음 시간 배울 내용을 알려주는가? : 수업을 마칠 무렵 다음 시간에 읽어 올 내용이나 과제, 다음 시간의 공부 내용을 공지하는 선생님들이 있다. 수업 계획이 꼼꼼하고 체계적인 분이니 선생님의 방식을 따라가는 것이 좋다. 검사를 하지 않더라도 읽어 오라고 한 것은 읽고, 다음 시간에 배울 내용을 미리 살펴보자. 다음 시간이 되면 정말 선생님이 예고한 대로 수업이 이루어지는지 확인하는 재미가 쏠쏠하다.

● 어떤 방식으로 학생을 수업에 참여시키는가? : 수업 중 연습문제를 풀게 하거나 번호 순서대로 책을 읽게 하는 등 수업에 학생을 참여시키는 방법도 선생님마다 다르다. 앞에 나가서 문제를 풀어보는 등의 수업 활동에 부담을 느끼는 학생은 그 수업을

위해서라도 철저히 예습해 학습 성과를 만들어야 한다.

● 수업종이 치기 전에 교실에 들어오시는가? : 수업종이 치기 전 교무실에서 출발해 수업종과 동시에 교실에 들어오시는 선생님이 있는가 하면, 수업종이 친 후 5분 정도 지나 교실 분위기가 안정되었을 때 들어오시는 선생님도 있다. 하지만 대부분 선생님들은 수업종이 치고 2~3분 후에 교실에 들어오신다. 이 시간은 그 수업의 예습 시간으로 정해두자. 교과서와 유인물을 미리 챙기고 지난 시간에 배운 내용을 눈으로 훑어본 후 다음 진도의 단원명과 굵은 글씨, 눈에 띄는 그림 정도만 보아두어도 충분하다.

1년 수업 계획을 이야기하는 첫 시간이 중요

첫 시간에는 진도를 나가지 않는 수업이 많다. 그래서 학생들은 별생각 없이 선생님 이름만 교과서에 적어두고 만다. 그런데 첫 시간은 아주 중요하다. 진도를 나가지 않는 대신 그 과목의 수업이 1년 동안 어떻게 이루어질지에 대한 개관이 이루어지기 때문이다. 과목의 특징과 학기별 학습 내용, 수행평가 방법과 평가 기준, 매 수업 시간 준비해야 할 것, 실천해야 할 것 등 그 과목의 수업에 대한 선생님의 생각을 읽을 수 있다.

능동적인 학습 태도는 수업 첫날부터 시작된다. 과목별 수업을 담당하는 선생님이 어떤 기준으로 1년 수업을 계획했는지 주요 내용을 메모할 수 있도록 지도하자.

14
과목별 수업 내용 제시 방식 파악하기

> '열심히 수업을 듣는다'는 것은 과목별 수업 방식을 파악하고 내 공부에 적용하는 것까지 포함한다. 특히 수업 내용을 전달하는 방식에 따라 쉬운 내용이 어렵게 느껴지거나 어려운 내용이 쉽게 느껴지기도 하니 선생님들의 방식을 파악해야 한다. 그에 따라 예습·복습 등 공부하는 방법에도 차이가 날 수 있음을 아이에게 알려주자.

수업 내용 제시 방식을 알아야 공부가 쉽다

중2가 되는 수정이는 사회 과목에 약하다. 1학년 때 가장 낮은 점수를 받기도 했다. 수업 시간에 선생님의 설명은 참 재미있었다. 이런저런 사례와 이야기를 많이 들려주셨고 기사에 실린 사진도 보면서 내용을 익혔는데 시험에는 그렇게 재밌는 내용이 하나도 안 나왔다.

첫 시험을 망치고 나니 선생님의 이야기식 수업도 짜증이 났다. 과학 선생님처럼 수업 내용을 정리한 유인물을 나눠 주시는 것도 아니고, 판서도 설명을 하며 칠판 여기저기에 끄적이신다. 도대체 공부를 어떻게 하란 말인지. 수정이는 1년 내내 사회 공부의 갈피를 잡지 못한 채 2학년이 되고 말았다.

왜 그렇게 됐을까? 사회 선생님의 수업 내용 제시 방식을 파악하지 못했기 때문이다. 수업 내용이 이야기로 전달되었지만 그 안에 숨은 요점을 찾지 못했고, 그랬기에 스스로 해야 하는 요점 정리도 하지 못했다. 이런 방식의 수업이 진행된다면 꼼꼼한 예습이 필요하다. 예습을 한 후 선생님의 재미있는 설명을 들었다면 선생님이 딱딱하고 지루한 내용을 얼마나 노련하게 설명하시는지 매 시간 감탄했을 것이다.

선생님마다 다른 수업 내용 제시 방식

45분의 수업 시간은 주의집중, 지난 내용 복습, 학습 목표 제시, 수업 내용 제시, 수행하기, 피드백, 수업 정리 및 과제 제시 등의 흐름으로 이어진다. 이 중 가장 많은 시간을 차지하는 것은 '수업 내용 제시'다. 학생들이 가장 집중해야 하는 시간이기도 하다. 과목의 특성이나 선생님의 성향에 따라 그 방법도 다양하니 학생도 수업마다 다른 학습 태도를 택해야 한다. 모든 수업에 같은 태도로 집중하면 위 사례의 수정이처럼 수업은 잘 들었는데 공부는 되지 않는 실수를 하게 된다.

● **이야기식 수업** : 이야기식 설명은 역사, 사회, 윤리 과목에서 주로 쓰인다. 순차적인 내용 진행보다 전체적인 조망이 필요한 과목들이기 때문인데, 한 시간의 수업을 하나의 이야기로 엮어서 통째로 설명하는 선생님들도 있다. 단원의 흐름이나 구체적인 맥락을 놓치기 쉬우므로 예습을 철저히 해 수업 중 선생님이 어떤 내용을 설명하는지 분별할 수 있어야 한다. 또 문제 풀이, 요약 정리 등의 복습도 필수다.

● **교과서 내용에 충실한 수업** : 수업의 진도와 흐름을 파악하기 쉽다. 특히 국어나 영어 수업은 교과서의 제시문을 토대로 이루어져 필기도 교과서 위에서 모두 이루어진다. 이러한 방식은 구체적인 내용을 기억하는 데는 유리하지만 단원 간 통합이나 과목 간 통합 사고 능력은 약해질 수 있으니 혼자 공부할 때는 심화문제 풀이 등에 신경을 써야 한다.

● **교과서와 무관하게 유인물로 진행되는 수업** : 판서의 수고를 덜기 위해 가장 많이 쓰이는 방법이다. 교과서에 구체적인 지식이 모두 담겨 있지 않기 때문인데, 유인물이 중심이 되다 보니 수업 시간에 교과서를 사용하지 않는 경우도 있다. 유인물의 내용이 곧 시험에 출제되는 내용이고 교과과정을 재구성해놓은 것이

므로 단원 순서에 따라 펼쳐보기 쉽도록 철해두어야 한다. 복습이나 시험공부를 할 때도 수업 시간에 활용한 유인물을 기준으로 해야 탈이 없다.

● **멀티미디어 교구를 많이 활용하는 수업** : 그래프, 사진 등이 많은 과목의 수업은 슬라이드, 비디오 자료 등 멀티미디어 교구를 많이 활용한다. 보고 듣는 자극이 다양하니 집중도 잘된다. 단점은, 본 건 많은데 뭘 공부했는지 모르고 지나가는 경우가 많다는 것이다. 이야기식 수업과 마찬가지로 예습을 꼼꼼히 해두어야 한다. 그 이후에 다양한 자료를 본다면 이해도 잘되고 기억에 오래 남는다. 수업 시 사용할 내용을 온라인으로 다운받을 수 있다면 반드시 출력해서 아이 손에 들고 수업을 들을 수 있도록 하자.

 수업 흐름 그대로 복습했어요

중3 학생입니다. 제가 1학년 때는 공부에 대해서 정말 아무것도 모르는 장난꾸러기였어요. 담임선생님이 예습과 복습을 하라고 늘 강조하셨는데 예습, 복습을 해본 적도 없고 어떻게 하는지도 모르겠더라고요. 아무것도 모르니 예습은 엄두가 나지 않아 복습만 해보기로 했어요. 그래서 택한 방법이 선생님이 수업한 그대로 공부를 하는 거였습니다. '이 페이지 본문을 읽고 설명을 한다음에 프린트를 나눠 주셨지' 하는 식으로 수업 장면을 기억해 두는 거예요. 수업 내용을 기억하는 것보다 수업 순서를 기억하는 게 훨씬 쉽더라고요.

평소에 드라마나 영화 같은 걸 보면 장면을 떠올리면서 줄거리를 이야기할 수 있잖아요. 복습도 그렇게 했어요. 처음에는 그렇게 하는 게 잘하는 건지 잘 몰랐는데 점점 내게 맞는 복습 방법이라고 확신하게 됐습니다. 지난 시간에 배운 내용을 설명하실 때 전부 이해할 수 있었고 선생님의 질문에 답도 할 수 있었거든요. 특히 시험 때까지 수업 장면이 기억나서 공부하기가 쉬웠어요. 지금까지 계속 그렇게 복습하고 있습니다.

물론 지금은 속도도 빨라지고 과목마다 조금씩 다르게 복습하는 방법도 터득했습니다. 복습을 어떻게 하는지 잘 모르는 중1 학생이라면 저처럼 해보세요.

15
문제집, 잘못 사면 공부 부담만 키운다

> 중학교 공부에 필요한 문제집, 참고서는 학교 수업을 중심으로 매일 복습하기에 유리한 것이어야 한다. 따라서 기본적으로 교과서와 같은 출판사에서 나온 평가문제집이 좋은데, 미리 사둘 필요는 없으며 입학 후 1~2주 정도 과목별 수업 패턴에 익숙해진 후 필요 여부를 생각해보고 구입하는 것이 좋다.

교과서와 같은 출판사의 평가문제집

중학교 공부에 필요한 문제집은 매일 복습에 유리한 책이어야 한다. 기본적으로 학교 교과서와 같은 출판사에서 나온 평가문제집이 좋은데, 교과서와 목차가 같아 진도를 맞춰가며 복습할 수 있기 때문이다.

하지만 갈등이 될 때도 있다. 학원에서 쓰는 교재나 그 지역에서 인기 많은 문제집과 교과서를 펴낸 출판사가 다를 때다. 남들 다 푸는 문제집은 풀어봐야 하지 않겠느냐는 생각 때문에 인기 많은 책을 사는 경우가 많은데, 결국 시험공부를 하다 보면 교과서에는 있는데 문제집에는 없다든지, 문제집에는 있는데 학교에서는 배우지 않아 그냥 넘어간다든지, 교과서 목차와 단원 제목이 달라 내용을 확인해야 하는 등 매우 번거로운 일이 생긴다.

교과서를 펴낸 출판사에서 문제집을 만들지 않는 경우도 간혹 있다. 그렇다면 어쩔 수 없지만 교과서를 펴낸 출판사의 평가문제집이 있다면 그것으로 선택하자. 남들 다 사는 문제집이 마음에 걸리면 두 권을 모두 구입해서 평소에는 교과서를 펴낸 곳의 문제집으로 복습을 하고, 다른 출판사 문제집은 이해가 잘 안 되는 부분을 골라 보며 참고하거나 시험 때 한 권 더 푸는 용도로 사용하면 된다.

영어·한문·제2외국어는 자습서도 필요

영어·한문·중국어·일본어 등 언어영역 과목들은 교과서 본문 해석과 단어 설명이 필요하다. 수업 시간에 선생님이 해주시기는 하지만 집에서 혼자 공부하려면 이해되지 않는 부분들도 많으니 이 과목들은 교과서를 자세하게 풀어놓은 자습서를 구입하자.

한문이나 제2외국어는 출판사에 따라 자습서만 있고 평가문제집은 없는 경우도 있는데 상관없다. 본문을 외우듯 공부하면 모두 풀 수 있는 문제들이 나오므로 자습서만으로 충분하다.

영어는 출판사별 평가문제집이 잘 나오는 편이니 평가문제집을 사자. 자습서는 개인의 상황에 따라 다르다. 1학년 때는 교과서 내용이 크게 어렵지 않아 단어나 본문 해석을 할 때 자습서의 필요성을 못 느끼는 학생들도 많은데, 그렇다면 자습서는 생략해도 좋다.

국어·사회·과학 등 다른 과목들도 물론 자습서가 있지만 자습서의 방대한 내용을 공부하는 것보다 학교에서 받은 유인물, 노트 필기 등 수업 내용을 중심으로 공부하는 것이 더 좋다. 이 점을 감안해 자습서와 평가문제집을 한 권으로 묶어 출판하는 경우도 있으니 서점에서 직접 책을 보고 구입하자.

도덕과 기술/가정도 필요, 음악·미술·체육은 불필요

학생들은 풀든 안 풀든 수학 문제집을 제일 많이 갖고 있다. 국어와 영어는 주요 과목이지만 문제집이 없는 학생들이 많으며, 있더라도 학원 교재 정도다. 사회와 과학 문제집을 갖고 있는 학생들도 절반 정도다. 시험공부는 어떻게 하느냐고 물으면 학교 프린트도 제대로 못 보는데 문제집은 풀 생각도 못한단다. 매일 공부를 하지 않고 시험 때 몰아서 공부하는 학생들의 전형적인 모습이다.

문제집은 학교 수업을 중심으로 매일 복습하기 위한 책이다. 따라서 스스로 공부하는 문제집이 없다는 것은 복습이 안 되고 있다는 증거다. 국어·영어·수학은 물론 사회·국사·과학도 당연히 문제집이 필요하다. 도덕과 기술/가정은 어떨까? 교과서 출판사의 문제집이 나와 있다면 푸는 게 좋다. 특히 도덕은 고등학교 윤리·철학과 연결되고, 집중이수제 등으로 중1 때 3개 학년의 진도가 모두 나가는 경우도 있어 복습 분량이 만만치 않다. '주요 과목도 아닌데 문제집까지 풀어야 하나'라고 생각하면 오산이다. 어떤 과목이든 최선을 다해 공부해야 한다는 태도를 가르쳐야 한다. 도덕과 기술/가정은 공부할 수 없을 만큼 어려운 과목들이 아니다. 공부한 만큼 성적을 받을 수 있으니 매일 배운 만큼 복습하고 문제를 풀 수 있도록 하자.

반면 음악·미술·체육은 문제집이 필요 없다. 교과서 순서대로 학교 진도가 나가는 것이 아니고 실습 위주로 수업이 진행되기 때문이다. 시험 때도 선생님이 내주시는 유인물 안에서 출제되므로 문제집이 있다 해도 필요한 공부 내용과 맞지 않는 경우가 대다수다.

과목별 수업을 들어본 후 결정하자

문제집은 한꺼번에 미리 사놓을 필요는 없다. 입학 후 과목별 수업을 1~2주 이상 들어본 후 결정해도 늦지 않다. 어떤 선생님은 문제집이 필요 없을 정도로 꼼꼼하게 유인물을 만들어 주시며, 자습서나 평가문제집을 그대로 복사해 수업 자료로 쓰는 선생님도 있다. 웅얼거리는 말투 때문에 좀처럼 설명을 알아들을 수 없어 예정에도 없던 자습서를 사야 하는 경우도 있다.

보통 입학 후 얼마간은 과목별 오리엔테이션 등으로 정상적인 수업 진도가 나가지 않는다. 3월 한 달간은 학교생활과 수업에 적응하는 기간으로 여기고 교과서와 유인물, 노트만으로 복습을 한 후 문제집, 자습서가 필요해지면 그때 구입하자.

 참고서 구입 시행착오

초5, 중2 아이를 둔 아빠입니다. 큰아이가 중학교 입학을 앞둔 때였어요. 꼬맹이가 벌써 중학생이 된다니 기특했습니다. 아이에게 필요한 게 뭘까 생각하다가 퇴근길에 서점에 들렀습니다. 그 동네에서 20년 넘게 운영해온 서점이니 어떤 학교에서 어떤 교과서를 쓰고 그 학교 학생들이 무슨 책을 사 가는지 사장님의 설명을 통해 모두 알 수 있었지요. 그래서 사장님의 권유대로 책들을 샀습니다. 과목별 문제집에 자습서는 물론 포켓용 영어사전과 매년 그 학교 수행평가로 읽게 한다는 책들도 샀습니다. 모두 담고 보니 과일상자로 한가득이더군요.

아빠로서 큰 선물을 한 것 같아 아주 뿌듯했습니다. 그런데 시간이 지나니 그중 제대로 보는 책들은 절반도 안 되었습니다. 오히려 학교 다니며 필요해진 책들이 있어 더 샀어요. 아이가 중학생이 된다는 설렘에 엉뚱한 지출을 한 것이죠. 그 돈으로 문화상품권을 샀다면 더 낫지 않았을까 싶습니다.

아무리 머리가 좋고 공부 습관이 탄탄히 자리 잡은 아이라도 학교생활이 즐겁지 않으면, 학교 수업이 재미있지 않으면 공부에 힘을 쏟기가 쉽지 않다. 학교에서 지내는 시간이 즐거워야 수업에 집중할 수 있고 공부할 의욕이 생기는 것이다. 학교생활이 즐겁지 않아서, 선생님의 수업에 집중할 수 없어서 생기는 공백은 그 어떤 사교육으로도 채워 넣을 수 없다.

Part 3

공부가 쉬워지는 학교생활

16
학교 수업을 100% 활용하는 성공 원칙

> 아이들은 깨어 있는 시간 중 대부분을 학교에서 보낸다. 학교 수업에 정성을 다하지 않는다면 그 밖의 어떤 공부로도 좋은 성과를 올릴 수 없다. 방학 동안 선행학습을 했는지 여부와 상관없이 학교 수업은 반드시 100% 활용해 내 것으로 만들어야 한다. 학교 수업이 예습·복습과 매일 공부, 시험 계획, 수행평가 등 공부의 기준이 되기 때문이다.

수업 전 1분 예습 | 배울 부분을 펴서 훑어본다

대부분의 중1 교실은 수업종이 치고 선생님이 교실에 들어온 후에도 산만한 분위기가 계속된다. 많은 학생들이 선생님의 얼굴을 보고 나서 교과서를 꺼내기 일쑤인 데다, 책상 서랍을 뒤져서 없으면 뒤쪽 사물함으로 갔다가 제자리로 돌아오면서 분위기가 들썩인다. 책을 펼 때도 친구들을 기웃거리니 수업에 집중하기란 쉬운 일이 아니다.

수업에 집중하려면 시작이 야무져야 한다. 선생님들이 수업종이 울린 뒤에 교무실에서 출발하니 수업종이 울리고 선생님이 교실에 들어오기 전까지는 2~3분 정도의 시간이 있다. 그 시간 동안 교과서를 꺼내 배울 부분을 미리 펴두고 노트와 유인물, 필기구를 준비해야 한다.

책을 펼치다 보면 자연스럽게 단원명이 눈에 들어온다. 그것만 해도 아무것도 하지 않는 다른 학생들보다 훌륭하다. 그것으로 끝내지 않고 선생님이 오시고 수업이 시작되기 전까지 흥미로운 그림이나 눈에 띄는 단어들을 보면 예습이 끝난다. 내가 이번 시간에 어떤 공부를 하게 될지 인식하는 것만으로도 수업에 집중하기가 훨씬 수월하다.

수업 내용에 집중 | 나의 생각을 선생님의 생각과 연결한다

수업에 집중한다는 것은 어떤 의미일까? 한마디도 놓치지 않고 잘 듣는 것? 잡담하지 않고 졸지 않고 선생님을 바로 쳐다보는 것? 이는 수업 시간에 지켜야 할 행동규칙일 뿐 학습 효과와 연결되는 집중이라 할 수는 없다.

집중이란 나의 생각을 선생님의 생각과 연결하는 것이다. '선생님이 저 그림을 왜 그리는 거지? 무엇을 설명하려고 하는 걸까?', '왜 드라마 이야기를 하시는 거지? 관련된 예가 있나?'와 같이 선생님의 의도를 읽을 수 있어야 한다. 집중이란 나의 머릿속에 생각이 살아 있는 것이다.

필기 | 수업 내용에 대한 내 생각을 적는다

 노트에는 1차적으로 수업 중에 선생님이 칠판에 쓴 내용과 받아 적으라고 지시한 내용을 기록해야 한다. 이에 더해 내 생각을 적어야 한다. 수업을 들으며 떠오른 생각들을 함께 기록해두어야 맥락 있는 공부를 할 수 있다. 선생님이 예를 들어 설명한 부분에는 '드라마 이야기', '오락 프로그램 여행 장소' 등의 메모를 해두면 수업 장면을 입체적으로 떠올리며 복습할 수 있다. 다음번에 책과 노트를 펼쳤을 때 지금의 수업을 생생하게 느낄 수 있도록 적는 것이다.

 펜을 사용할 때는 꼭 외워야 할 것은 파랑, 확실치 않은 것은 연필, 중요한 것은 빨강 등 자신만의 규칙을 정해놓으면 다음번에는 색만 보아도 어떤 부분을 중점적으로 공부해야 할지 파악할 수 있다.

수업 후 1분 복습 | 책 넘기며 눈도장을 찍는다

'망각곡선'으로 유명한 독일의 심리학자 헤르만 에빙하우스는 학습하고 10분 후부터 망각이 진행된다고 했다. 따라서 가장 좋은 복습은 수업 직후에 하는 복습이다. 따로 책을 챙기지 않아도 돼 편리하고, 망각이 전혀 진행되지 않은 상태라서 복습 효과도 좋다.

수업이 끝나면 바로 책을 덮지 말고 배운 부분을 훑어보며 45분 동안의 수업 내용을 머릿속으로 빨리 되새기라고 얘기해주자. '책을 한 번 읽고 주요 단어를 설명한 후 칠판에 그림을 그려 보충 설명을 하고 유인물을 나누어 주고 문제를 풀다가 끝났지' 식의 흐름을 머릿속에 그려보면 된다. 수업이 빨리 진행돼서 미처 읽지 못한 부분을 읽어보거나 풀었던 문제 중 어려웠던 것을 다시 풀어본다면 완벽하다.

아쉽게도 네 가지 원칙 중 실천하기가 가장 어려운 것이 '수업 후 1분 복습'이다. 수업이 끝나면 빨리 놀고 싶은 마음이 생기기 때문이기도 하지만, 친구들 앞에서 유난스레 공부하는 모습을 보이기 싫기 때문이다. 특히 중1들이 그렇다. 그러니 아이가 이 원칙에 거부감을 보이더라도 이해해주자. 1학년 때는 앞의 세 가지 원칙만 잘 실천해도 훌륭하다. 매시간 실천하지 못해도 괜찮다고 격려하자. 수업 직후 복습의 방법과 중요성을 설명해주면 학년이 올라갈수록 실천하게 되어 있다. 특히 중2 후반이 지나면 대체로 안정적으로 실천한다.

실천 점검

수업 시간표를 네 칸으로 나누어 매 수업 시간마다 앞의 네 가지 원칙(예습, 집중, 필기, 복습)을 실천했는지를 체크하자. 처음 2주 정도는 좋아하는 과목만 고르거나 취약한 과목만 골라 실천하다가 점차 과목 수를 늘려가는 것도 좋다. 전 과목을 실천하되 한 두 가지 원칙만 골라서 실천하는 것도 시작의 부담을 더는 방법이다.

실천 점검표는 컴퓨터로 만들어 매주 한 장씩 출력해 쓰면 편하다. 초등학생 때 사용한 글씨연습 노트(한 칸 안에 십자로 보조선이 그려져 있는 것)가 남아 있다면 편리하게 재활용할 수 있다.

| 실천 점검표의 예 |

| 학교 수업 성공 원칙 실천 점검표 양식 |

	월	화	수	목	금
실천 날짜					
1					
2					
3					
4					
5					
6					
7					

17
학교 행사 참여, 결국 아이가 덕을 본다

> 아이가 중학생이 되면 엄마들은 학교에서 멀어진다. 하지만 의식적으로 학교 행사에 참여하며 관심을 두어야 한다. 아이가 학부모 모임에 대해 소상히 말하지 않더라도 학교 홈페이지를 들여다보며 직접 학교 일정을 확인하자. 학교 운영 방향, 담임선생님의 성향 등을 파악해두면 아이의 학교생활을 통찰력 있게 도와줄 수 있다.

학교에서 멀어지는 엄마들

아이가 중학교에 입학하면 초등학교 때보다 학교 갈 일이 드물다. 초등학교 때는 사소한 행사에도 엄마들 손길이 많이 필요했고, 하다못해 아이 생일 때 빵이라도 하나씩 돌리러 교실에 들르지 않았던가. 집에서 가까운 거리에 있으니 빠뜨린 준비물을 가져다준 경험은 수도 없이 많을 것이다. 그렇게 학교에 들러 겸사겸사 담임선생님과 인사도 하고 잠시라도 이야기를 나누었을 것이다.

그러나 중학교는 우선 집에서 제법 멀리 있다 보니 오며 가며 들를 만한 곳이 못 된다. 준비물을 안 가져와도 아이들은 엄마에게 부탁하기보다 옆 반 친구한테 빌리는 게 편하며, 학교 행사도 학부모는 구경하러 갈 뿐 팔을 걷어부치고 도울 일이 없으니 '우리 학교'나 '내 일'이라는 생각이 들지 않는다. 한편으로는 편하지만 한편으로는 허전하기도 할 터다.

그러면 '학교는 애가 알아서 잘 다니겠지' 하며 그냥 있으면 되는 걸까? 아니다. 엄마들이 부지런히 학교에 들락거려야 한다.

학교에서 오라고 하면 가자

입학식 이후 엄마들이 학교를 찾는 공식적인 행사는 5월쯤 있는 학부모회다. 교장선생님 참석하에 학사일정을 설명하고 학부모 특강이나 공개수업을 한두 시간 진행한 후 각 반별로 흩어져 담임선생님과의 시간을 갖는다. 그러나 아이가 공부하는 모습을 보기도 어렵고 그런 모임이 자주 있는 것도 아니어서 담임선생님을 만나도 특별히 나눌 이야기가 없다. 어떤 선생님이 엄마 앞에서 아이의 나쁜 점을 얘기하겠는가. 집에서와는 다른, 학교에서 보이는 아이의 기특한 행동들에 대해 감탄하며 짧은 일정이 끝난다.

이런 모임을 엄마들은 좋아할까? 학교 선생님들은 절대 그렇지 않다고 답한다. 한 학기에 한 번 하는 것도 겨우 진행될 정도로 참여율이 저조하며, 그것도 가정통신문만으로는 안 되고 몇 번씩 문자메시지로 안내를 해야 엄마들이 온다고 한다. 엄마들이 바쁘기도 하고 학교에 오기를 번거로워하기 때문이다. 그래서 직장맘들도 참여할 수 있게 모임 시간을 저녁으로 옮기는 학교들이 늘어나고 있다.

엄마들의 학교 행사 참여가 저조한 이유는 아이들이 그만큼 엄마 손에서 벗어났다는 뜻이다. 양말 신는 것부터 가방 메는 것까지 다 챙겨주던 초등학교 시절에는 온통 마음이 아이에게 있어서 학교에서 오라면 쪼르르 달려갔지만, 아이가 중학생이 되고 나니 그렇지 않은 거다.

하지만 그럴수록 학교에 자주 가야 한다. 학교가 어떻게 돌아가는지, 담임선생님의 성향은 어떤지 아이보다 소상히 알아야 한다. 그래야 아이와 대화가 되고 학교생활을 지혜롭게 준비할 수 있다. 아이가 대충 던지는 말 몇 마디, 다 구겨진 가정통신문이 무엇을 의미하는지 알 수 있어야 한다. 자세히 설명해보라고 아이를 다그치고 나무라봤자 모르겠다는 대답만 돌아온다. 설명회든 특강이든 엄마가 부지런히 학교 행사에 참여해서 학교 분위기를 느끼고 선생님들과 얼굴을 익히자.

아이가 공부를 못하면 학교 가기 싫다?

엄마들이 학교에 갈 때는 아이의 성적을 의식한다. 아이가 공부를 못하면 다른 엄마들 보기도 부끄럽고 담임선생님 앞에서도 기가 죽기 때문이다. 솔직히 그렇긴 하다. 하지만 조금 더 성숙한 마음을 가졌으면 좋겠다. 아이들 사이에서 인기 많은 아이는 공부 잘하는 아이가 아니라 성격 좋은 아이, 인성 좋은 아이다. 엄마들도 마찬가지다. 엄마들이 모이면 엄마들끼리의 세상이 있지 않은가. 아이의 성적이 어떻든 중요한 건 엄마의 인격과 성품이다. 그 엄마의 모습으로 선생님을 만나고 다른 엄마들도 만나면 된다.

서로에 대해 잘 모를 때는 아이의 성적으로만 '누구네 엄마'를 평가했겠지만 곧 누가 좋은 엄마인지 드러난다. 그러니 아이 성적 뒤에 숨으려는 유치한 생각일랑 버리고 진실한 마음으로 학교에 가자. 학교에 자주 가면 일 시킬까 봐 안 간다는 핑계도 대지 말자. 내 아이가 다니는 학교이며 내 아이를 가르치는 선생님들을 대하는 일이다. 할 수 있다면 열심히 학교 일도 해야 한다. 엄마가 학교에서 보인 바르고 성실한 모습은 결국 선생님, 다른 엄마들을 통해 아이에게 좋은 기운으로 전달되게 마련이다. 엄마가 학교에서 본을 보이는 것은 학교생활 성실히 하라는 백 마디 잔소리보다 훨씬 큰 힘을 발휘할 것이다.

학교에는 바른 생각을 가진 엄마들이 필요해요

중1, 중3 두 아이를 키우는 엄마입니다. 큰아이가 중학교에 입학했을 때 뭣도 모르고 학교에서 오라는 대로 부지런히 다녔어요. 그러다 보니 반대 표도 맡고 학교 일을 하게 되었지요.

그런데 중학교 엄마들은 초등학교 엄마들하고 다르더군요. 일도 안 하면서 자식 성적 자랑하는 재미에 학교 오는 엄마들이 많아요. 무슨 행사가 있으면 돈으로 해결하려고만 하고요. 마음이 맞지 않아 힘이 들었습니다. 그래서 담임선생님께 말씀드려 2학기 때는 안 하겠다고 했더니 오히려 선생님이 저를 붙잡으시는 거예요. 선생님도 그런 엄마들이 골칫거리라고요. 바른 생각을 가진 엄마들이 남아 있어야 그나마 학교 일이 돌아간다면서 계속 해달라고 부탁을 하셨습니다. 그 말씀을 듣고 생각한 바가 많아요. 그래서 지금까지 이런저런 학교 일들을 맡고 있습니다. 작은아이도 같은 중학교에 입학했는데 그동안 제가 해온 일들이 많으니 모든 선생님들이 작은아이를 보며 누구 동생이다 누구네 둘째다 하며 신경 써주세요.

학교 일 열심히 한다고 돈이 생기는 것도 아니고 아이 성적이 오르는 것도 아니지만, 아이들은 엄마를 은근히 자랑스러워하는 것 같습니다. 선생님들이 학교 행사에 어떤 학부모가 수고해주셨는지 말씀하시기도 하니 아이들은 아무래도 학교생활을 함부로 할 수 없고요. 돌아보니 저의 수고가 결국은 제 아이들을 바르게 키우는 데 큰 역할을 한 것 같아요.

학교에는 아이를 바르게 키우겠다는 의지를 가진 엄마들이 필요합니다. 열심히 학교 일에 참여하시고 적극적으로 일도 하세요. 결국은 내 아이에게 가장 많은 혜택이 돌아갑니다.

18

반장을 해도 괜찮을까?

> 성공의 필수 조건인 리더십은 어른이 된다고 갑자기 생기지 않는다. 어려서부터 다양한 경험을 통해 배려와 섬김, 지도력, 인간관계, 결단력 등을 배우고 몸에 익혀야 필요할 때 적절히 발현할 수 있다. 그런 점에서 반장을 맡아 학급을 이끌어보는 것은 리더십을 배울 수 있는 최고의 기회다. 그러니 공부에 방해된다거나 귀찮다는 이유로 반장을 맡는 것을 기피하지 말자. 반드시 하려고 노력해야 하며, 누구에게나 칭찬받을 만큼 제대로 해야 한다.

반장을 하면 공부에 방해되지 않을까?

중학교 입학을 앞두고 상담을 하는 예비 중1 엄마들은 중학교에 가서도 학급 임원을 맡는 게 좋을지 어떨지를 묻는다. 초등학교 때까지는 곧잘 했지만 중학교에 가면 공부에 지장이 있을까 봐 걱정이 돼서다. 재미있게도 이 질문은 중학교 입학을 앞두고는 엄마들이 묻지만 고등학교 입학을 앞두고는 아이들이 묻는다. 나는 두 가지 경우 모두 "걱정 마시고 반장 역할을 잘할 수 있게 도와주세요" "걱정 말고 반장 노릇 잘할 궁리나 하라"고 대답해준다.

할 수만 있다면 학급 임원은 하는 게 좋다. 중학교 3년 내내 반장을 한 아이와의 대화로 나의 대답을 대신하려 한다. 이 학생은 고등학교 입학을 앞두고 고등학교에 가서도 임원을 해야 할지 고민했다.

"중학교 반장 생활은 어땠니?"

"재밌었어요."

"공부에 방해되진 않았어?"

"다른 애들보다 늦게 오거나 쉬는 시간에도 선생님 심부름을 해야 하니까 귀찮은 건 좀 있었어요. 그래도 공부에 방해된다는 생각은 안 해봤어요."

"반장을 해서 좋았던 점은?"

"되게 많아요. 교무실에 자주 들락거리니까 학교 행사나 수행평가, 선생님들 수업 준비 과정 뭐 이런 거를 다 보게 되잖아요. 그래서 눈치껏 다른 애들보다 먼저 준비할 수 있고요. 학교 대표로 외부 행사에 참여할 일도 생기는데 그런 것도 좋은 경험이고, 공로상이나 봉사상 같은 건 반장 아니면 받기 힘들잖아요."

"그럼 답이 다 나왔네. 왜 고등학교 때는 할지 말지 고민해? 그좋은 것을."

"아 그런가요? 그래도 고등학교 때는 좀 다르지 않을까요?"

"비슷해. 오히려 중학교 때보다 편할 수 있어. 반장 마음대로 할 수 있는 재량도 커지고, 네 말대로 공부에 방해되는 건 없어. 오히려 네가 어떻게 하느냐에 따라 유리한 점이 더 많을 거야."

반장을 하면 좋은 점

반장을 하면 뭐가 좋을까? 매년 반장을 하는 아이들은 왜 그렇게 계속 반장을 하고 싶어할까? 반장하면 좋은 점을 알아보자.

우선, 선생님과 친해질 수 있다. 담임선생님을 포함해 반에 들어오시는 모든 과목 선생님들이 아이 얼굴을 안다. 크고 작은 학급 일을 도우며 선생님과 개별적인 친분을 쌓을 기회도 많아지는데, 선생님이라는 '친구'는 아무나 가질 수 없는 인맥이다.

둘째로 좋은 점은, 공부를 더 열심히 하게 된다는 것이다. 반장이라는 책임감은 자기관리를 성실히 하도록 채찍질하는 요인이 된다. 정규 수업은 물론 방과후수업이나 토요 프로그램에도 지각이나 결석을 할 수 없게 하며, 시험 기간 등 학사 일정을 아이들에게 공지해야 하는 입장이니 학교생활도 성실히 임하게 된다. 아무도 없는 곳에서 나 혼자 공부하는 것보다 학교라는 울타리 안에서 반장의 역할을 맡는 것이 훨씬 많은 성과를 낼 수 있다.

셋째, 교외 행사나 간부 수련회 등 식견을 넓힐 기회가 많다. 시도 교육청이나 시군구청 단위의 행사는 학교별 대표 학생이 참석을 하게 된다. 특정 분야의 재능을 필요로 하는 경우가 아니라면 학급 임원이나 학생회 임원이 참석하게 되는데, 학교 안에서 맴돌던 일상에서 벗어나 다른 학교, 다른 지역의 학생들과 어울리는 것은 생각의 틀을 키우는 계기가 된다.

넷째, 의사소통 능력이 향상된다. 반장은 아이들과 선생님의 중간 지점에 끼인 존재다. 선생님 대신 전달 사항을 전하고 친구들의 의견을 수렴해 선생님께 보고도 한다. 내 생각을 말해야 할 때도 있고, 교실에서 있었던 일을 요약해서 보고하는 경우도 있으며, 때로는 주임선생님이나 교장·교감선생님을 만나야 할 때도 있다. 다양한 상황에서 다양한 사람들과 이야기를 나누다 보면 의사소통 능력이 점차 향상된다. 어린 시절 이런 경험을 하는 것은 매우 특별한 혜택이다.

그 밖에 자잘한 특권들이 더 있다. 자습 시간에 떠드는 사람 이름을 적는 재미도 쏠쏠하며, 어디 놀러 가서는 친구들 모두 줄 맞춰 앉아 있는데 출석 체크를 한다는 이유로 혼자서만 돌아다니는 것도 반장이니까 할 수 있는 일이다. 선생님이 남는 문제집이라며 한 권씩 주시기도 하고, 단체 구매를 위해 문구점이나 제과점에 가면 서비스로 한두 개씩 더 받아오기도 하는데 그것도 반장 몫이다. 반장은 청소 당번에서 제외되기도 하며, 공로상이나 특별상 등 상을 받을 사람이 마땅치 않을 때 상당수의 담임선생님은 평소

수고가 많은 반장을 선택한다.

반장 엄마 노릇, 초등학교 때랑 뭐가 다를까?

그래도 엄마들은 묻고 싶을 거다.
"그래도 초등학교 때랑은 좀 다르지 않을까요?"
다른 점이 있다면 초등학교 때보다 반장 되기가 쉽지 않다는 것과 엄마가 쫓아다닐 일이 줄어든다는 것이다.
중학교는 반장 자격에 성적 제한을 두는 학교도 있고, 여러 학교 아이들이 모이다 보니 출신 학교별로 표가 갈리기도 하며, 초등학교 때보다 똑똑하고 쟁쟁한 후보들이 많다. 그래도 크게 걱정할 필요는 없다. 1학년 1학기 때는 누가 누군지 잘 몰라 엉뚱한 반장이 뽑히기도 하지만, 2학기 이후에는 될 만한 녀석들이 된다. 아이들의 눈은 정확하다.
또한 중학교 반장은 엄마가 관여할 일이 줄어든다. 엄마가 꼭 무언가 해주고 싶어서 나서는 것이야 말릴 수는 없지만, 담임선생님이나 학교 차원에서 엄마의 참여를 부탁하지는 않는다. 아이들이 어느 정도 큰 탓이다. 혹시 '우리 애가 반장 노릇을 제대로 못하면 어떻게 하지?' 하는 우려 때문에 자꾸만 학교에 머리를 들이밀었던 엄마라면 중학교에서는 자제하자. 이제는 스스로 배워야 한다. 반장 노릇을 잘 못했다면 선생님에게 혼나야 하고 반

- 친구들에게 미안한 마음을 가질 줄도 알아야 한다. 그걸 엄마가 나서서 해결하거나 대신 사과해서는 안 된다. 초등학교 때 그렇게 반장 엄마 노릇을 했다면 이제는 그만두자.

19
'스스로 알림장'은 자기관리의 든든한 초석이다

> 중학생이 되면 스스로 알림장을 준비해야 하며, 알림장의 주인으로서 무엇을 적을지 스스로 판단해야 한다. 숙제와 준비물, 복습할 내용과 오늘 꼭 해야 할 일 등 스스로 정한 내용을 적을 수 있는 작은 수첩을 준비해 항상 가지고 다닐 수 있도록 지도하자. 매 순간 내가 무엇을 공부하고 준비하며 실천해야 할지 기록하는 습관은 자기관리의 기반이 된다.

알림장의 필요성

중학교에는 담임선생님이 적어주는 알림장이 없다. 게다가 과목마다 선생님이 다르니 숙제도 준비물도 과목마다 다르다.

학기 초 중1 교실에서는 다른 과목의 숙제를 담임선생님께 물어보는 아이들이 종종 있다. 잘 모르는 선생님을 찾아 교무실에 갈 수도 없고, 무엇보다 선생님들끼리는 다 알고 있을 거라는 초등학생 같은 생각을 하기 때문이다. 하지만 그런 질문을 하는 아이들이 듣는 대답은 "여기가 초등학굔 줄 알아? 수업 시간에 잘 들었어야지. 그 과목 선생님께 여쭤봐"다. 그래서 아이들은 친구와 핸드폰으로 정보를 주고받는다. 핸드폰 없이는 숙제도 못하는 것이다. 그나마 수업 시간에 뭔가를 받아 적어놓은 아이도 교과서나 유인물 구석에 끄적거린 정도라 책이 학교 사물함에 있으면 집에서는 알 길이 없고, 어디에 적어놓았는지 한참을 뒤적여야 한다.

그러나 '스스로 알림장'을 마련하면 이런 일을 미리 막을 수 있다. 스스로 알림장은 중1을 시작으로 고3까지, 그 이후로도 수첩·다이어리 등 형태를 바꾸어가며 이어져 자기관리의 든든한 기반이 된다.

스스로 알림장, 이렇게 쓰자

스스로 알림장은 학교에 갈 때도 학원에 갈 때도 필기구와 함께 항상 챙겨야 하며, 수업 시간에는 필요한 내용을 즉시 적을 수 있도록 책상 한쪽에 올려두어야 한다. 따라서 너무 크거나 너무 두껍지 않은 것이 좋다.

스스로 알림장은 검사를 받기 위해서나 누구에게 보여주기 위해서 적는 게 아니다. 나에게 보여주기 위해서, 나에게 알려주기 위해서 적는 것이다. 따라서 선생님이 내주는 숙제나 준비물을 적는 것으로 용도를 한정할 필요는 없으며, '13쪽 그래프 다시 공부하기'와 같이 자신에게 내주는 숙제도 적는다. 공부하는 내용뿐만 아니라 '현정이에게 2000원 갚기'처럼 꼭 기억해야 할 내용도 기록한다.

초등학교 때는 담임선생님의 주도 아래 하교 전에 알림장을 정리했지만 스스로 알림장은 등교 직후부터 사용한다. 아침에 교실에 도착해 자리에 앉으면 알림장을 펴고 오늘 날짜를 적는다. 수업이 시작되면 '1교시: 수학'이라고 적고 수학 수업 중에 발생한 숙제, 공붓거리 등을 적는다. 적을 것이 없으면 그냥 넘어가면 된다. 2교시가 시작되면 '2교시: 국어'라고 적고 같은 방법으로 적는다. 매 교시 과목명을 적어가며 알림장을 적는다.

알림장은 공부를 포함해 내가 할 일을 종합적으로 관리하는 도구임을 아이에게 이해시키자.

실천 계획을 함께 적자

스스로 알림장을 적으면 학교생활은 물론 그날 하루가 어떻게 지나갔는지를 한눈에 파악할 수 있다. 조금 더 욕심을 부리면, 해야 할 일들만 적지 말고 그것을 언제 어떻게 실천할지를 함께 생각해 적자. 수업을 들으며 복습할 내용이 떠올랐다면 '집에 돌아가 복습 시간에 할 것'이라고 적어두면 된다.

이 간단한 작업 하나로 알림장은 공부계획표의 기능을 하게 된다. 하교 후에 공부 계획을 따로 짤 필요도 없고, '뭘 하지?' 고민할 필요도 없다. 놀라운 효율성이다.

| 알림장 기록 예 |

Q&A **머릿속에 다 있다며 적으려 하지 않아요**

Q 중1 아들을 키우는 엄마입니다. 우리 아이는 숙제만 후딱 해치우고 밖에 나가 놀기 바빠요. 숙제해놓은 걸 보면 글씨도 엉망

이에요. 덜렁거리는 성격에 준비물 챙기는 것도 쉽지 않고요. 알림장을 적어보라고 했더니 머릿속에 다 있다며 적으려 하질 않습니다. 이것저것 물어보니 정말 과목별 숙제며 날짜를 다 기억하고 있더라고요. 그래도 적어보고 확인하면 실수도 줄어들고 더 좋을 것 같은데, 엄마 욕심일까요?

A 글씨를 잘 못 쓰는 아이들은 노트 필기든 알림장이든 뭔가를 쓰려고 하지 않습니다. 귀찮기도 하지만 어릴 때부터 "글씨가 그게 뭐니?", "똑바로 다시 써 와" 같은 잔소리를 많이 들었기 때문이지요. 숙제 내용을 모두 기억하고 있다면 아무 생각 없이 놀기만 하는 아이는 아닙니다. 아직은 기억하는 범위 내에서 해결이 가능하니 스스로 필요성을 느끼지 못하는 것이지요. 강요하지는 마세요. 어른들은 머리가 복잡하고 생각할 것이 많아 할 일을 자꾸 까먹지만 아이들은 그렇지 않거든요. 하지만 공부 계획이나 숙제 아이디어 등 메모할 것들이 있다는 점은 알려주세요. 누구에게 보여줄 것이 아니라 스스로 확인하기 위해 자유롭게 기록할 수 있어야 한다고요. 손으로 적는 종이 수첩이 부담된다면 핸드폰의 메모 기능도 괜찮습니다. 그것이 훨씬 거부감이 덜 할 테니까요.

알림장 자체보다는 알림장의 기능과 확장 가능성에 초점을 맞춰 설명해주시길 바랍니다.

20
자유학기엔
시험이 없다

> 2016년부터 전면 시행되는 자유학기제는 중학교 기간 중 한 학기 동안 중간고사와 기말고사를 보지 않고 교과 수업 시간은 물론 교과 외 시간에도 다양한 체험과 참여 활동이 가능하도록 교육과정을 유연하게 운영하는 제도다. 2015년까지는 시범학교, 희망학교 등에서 자유학기를 시행하며 자유학기 기간의 학업성취도는 입시에 반영하지 않는다.

자유학기제란?

자유학기제는 중학교 교육과정 중 한 학기 동안 학생들이 중간·기말고사 등 시험 부담에서 벗어나 꿈과 재능을 찾을 수 있도록 토론·실습 등 학생 참여형으로 수업 운영 방식을 개선하고 진로 탐색 활동 등 다양한 체험 활동이 가능하도록 교육과정을 유연하게 운영하는 제도를 말한다.

자유학기 중에는 수업시수 증감 제도(교과별 20% 범위 내)를 통해 유연하게 교육과정을 운영한다. 진로 탐색 활동, 선택형 프로그램, 동아리 활동, 예술·체육 활동 등 다양한 프로그램이 운영되며 중간고사(3일)와 기말고사(4일)를 실시하지 않고 그 대신 시험 기간(7일)과 학교재량휴업일 등을 체험 및 참여 프로그램 운영에 활용한다.

| 자유학기 주간 시간표 편성 예 |

시간\요일	월	화	수	목	금
1	기본 교과 편성 (20시간)				
2					
3					
4		진로 (2시간)			진로 (2시간)
5					
6	예·체능 (3시간)	선택 프로그램(8시간) 창조적인 글쓰기, 한국의 예술 발견하기, 미디어와 통신, 학교 잡지 출판하기, 드라마와 문화, 녹색 학교 만들기 등			
7					
방과후 학교	'자율과정'과 연계 운영				

자유학기제는 2012년 11월에 도입 공약이 발표된 후 2013년 초에 국정과제로 채택되었다. 그 이후 2013년 4월에 42개의 연구학교가 지정되어 1단계 시범운영이 시작되었으며, 운영 성과를 바탕으로 2014년 38개 연구학교가 2단계 시범운영을 시작하였다. 1단계 시범운영이 마무리되는 2013년 말에 희망학교 확대 계획을 수립해 2014년과 2015년 2회에 걸쳐 희망학교에서 자유학기제를 운영한 후 2016년부터는 전국의 모든 중학교에서 자유학기제가 실시된다.

자유학기제의 운영과 평가

제도가 전면 실시되기 전인 2015년까지는 자유학기제를 경험하는 학생들도 있고 그렇지 않은 학생들도 있다. 자유학기제의 대상 학기는 학교마다 차이가 있는데 대부분 입시의 부담이 있는 3학년과 중학교 적응기인 1학년 1학기를 제외한 나머지 학기들에서 운영된다.

자유학기에는 중간·기말고사 등 특정 기간에 모든 학생들을 대상으로 실시하는 지필시험은 치르지 않는다. 대신 학생들이 학습한 내용을 얼마만큼 이해하고 있는지 알아보고 학생 지도에 활용할 수 있도록 수업 진도에 따른 형성평가, 학생 스스로 자신을 평가하는 자기성찰평가 등 학교별로 자유학기제의 취지에 맞는 평가 방법을 마련하여 시행한다.

자유학기에 교사가 실시하는 형성평가의 횟수나 방법은 수업 환경 및 목표, 교과목의 특성 등에 따라 교사가 자유롭게 결정할 수 있으며, 수업 중 학생 수행 과정 관찰, 수행 결과물, 쪽지시험 등 다양한 방법을 활용해 평가한다. 형성평가의 시기 또한 학생들마다 달리하여 실시할 수 있다. 학교생활기록부에는 등수와 성적이 아닌 세부 능력 및 특기사항 난에 서술형으로 기록한다.

정규시험이 없으니 고입 때 성적 반영은 어떻게 할지 궁금할 것이다. 그런 학생들에게 불이익이 없도록 2016년 전면 시행 전까지 자유학기 동안의 성취 수준 결과는 고교 입시에 반영하지 않는다.

자유학기 동안의 학습 관리

제도의 취지는 훌륭하지만 효과는 아직 알 수 없다. 엄마들에게 중요한 것은 우리 아이가 다니는 학교에서 자유학기제를 시행할 수도 있다는 것이며, 자유학기 동안에는 시험을 보지 않는다는 사실이다. 게다가 수업 시간을 조절하여 체험 프로그램이 늘어난다니 놀다가 한 학기를 보내지는 않을까 하는 걱정이 앞설 것이다.

시험에 대한 부담은 없지만 자유학기에도 교과과정에 따른 수업이 진행된다. 진도 나가기 식의 수업은 아니지만 토론이나 프로젝트 수업, 교과 간 융합 수업 등 학생들의 참여를 유도하는 다양한 방식으로 수업이 이루어진다.

| 국어과 평가 기록의 예 |

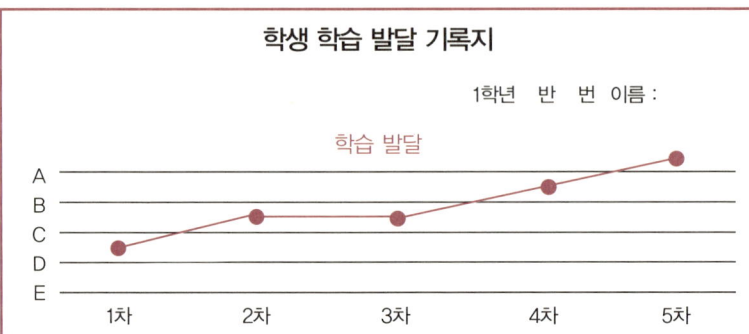

회차	평가 방법	평가 내용	성취 수준	노력	참여	배려
1차	서술평가	여러 가지 설명 방법	D	상	중	
2차	형성평가	소통하며 듣고 말하기	C	중		
3차	포트폴리오	단어와 품사의 이해	C		상	하
4차	감상 발표	주체적인 해석과 감상	B	상	상	중
5차	토론평가	예측하며 읽기	A	상	상	상

종합 의견

수업 중 실시하는 형성평가에서 향상된 성취율을 보이고 있으며, 대상에 따라 설명 방식을 선정하여 짧은 글을 쓸 수 있으며, 새 말이 만들어지는 과정을 실생활에 적용해서 설명할 수 있다. 특히 문학작품을 적절한 근거를 들어 자신만의 관점에서 주체적으로 해석할 수 있으며, 한 편의 글을 읽을 때 다양한 읽기 전략을 활용해서 글의 목적에 맞게 효과적으로 읽을 수 있다.

문제는, 아이들이 즐겁게 수업 시간을 보내고도 뭘 배웠는지를 모를 수 있다는 점이다. 과학 시간에 감자로 실험을 했다는 것만 기억하고 그 실험이 감자의 녹말과 요오드 용액의 반응을 살피는 실험이라는 요점은 놓치기 일쑤다. 단원과 학습 목표를 인식하고 수업 후 배운 내용을 스스로 정리하지 않는다면 자유학기 동안의 참여수업은 지식의 공백을 만들게 된다.

따라서 자유학기 동안에는 예습과 복습이 어느 때보다 중요하다. 예습과 복습을 잘 챙긴다면 실험, 체험 중심의 수업을 통해 배운 지식이 외우지 않아도 자연스럽게 기억에 남을 것이다.

자유학기의 다양한 프로그램, 선택은 아이의 몫

자유학기 동안에는 예체능, 진로 탐색, 명사 특강, 희망 수업 개설 등 다양한 수업과 체험 프로그램이 운영된다. 당연히 어떤 프로그램에 참여할지 선택의 기회도 많아지는데, 이 때문에 엄마들의 고질병이 도진다. 영어 회화나 독서 토론처럼 공부에 도움이 되는 프로그램을 선택하기를 바라는 것이다. 하지만 간절히 부탁하건대, 선택권은 아이에게 주자.

아이가 무언가를 하고 싶어 한다면 진로 연관성이나 학업 연관성이 없어 보이더라도 격려해주어야 한다. 더구나 사춘기는 유아기 동안 잠재되어 있던 여러 가지 능력이 피어나는 시기이므로 그동안 발현되지 않던 재능이 호기심과 함께 피어나기도 한다. 어떤 수업이든 자발적인 동기로 참여했다면 능동적으로 배우려 든다. 혹여 수업이 만족스럽지 않더라도 내가 선택한 것이니 다른 사람 탓으로 돌리지 않고 다음 프로그램을 선택할 때 더욱 신중해진다.

프로그램 선택에 도움이 되는 설명은 해주어야 하지만 "이게 좋겠다"고 결정을 내려주어서는 안 된다. 부모의 의사에 휘둘리는 아이들은 스스로를 키우고 이끌어가는 과정을 두려워하기 때문이다. 학교 안에서 여러 가지 의사결정을 해보는 경험은 선택의 연속인 인생을 미리 연습하는 것과 같다. 선택하는 것도 배움의 과정임을 알려주자.

21
수행평가, 우습게 보지 말자

> 성적은 중간·기말고사 점수만으로 이루어지지 않는다. 수행평가 점수와 합산되어 성적이 결정되며, 그에 따라 평균이 달라지고 등수도 달라진다. 평소 성실한 태도가 몸에 밴 아이들이 수행평가 점수도 높다. 수행평가 점수가 높은 아이들이 교과 성적도 높은 이유는 그 때문이다. 비중이 적은 점수라도 연습을 하고 감점을 줄이며 최선을 다해야 함을 알려주자.

평소의 성실함을 볼 수 있는 잣대

학생들을 만나 상담을 할 때는 최근 성적표를 가져오라고 한다. 어느 정도 공부를 하는지 파악하기 위해서이기도 하지만, 사실 자세히 살펴보는 건 수행평가 점수다. 수행평가 점수를 보면 평소 생활이 어떤지 대략 감을 잡을 수 있다.

대부분은 전체 성적과 수행평가 성적이 비례하지만 그렇지 않은 경우도 있다. 지필고사 점수는 훌륭한데 수행평가 점수가 엉망이거나, 지필고사 점수는 그저 그런데 수행평가 점수는 야무진 아이들도 있다.

둘 중 후자가 발전 가능성이 더 높다고 할 수 있다. 수행평가 점수가 좋다는 것은 과제 수행을 대충 하지 않는다는 것을 의미한다. 시험 성적이 나쁜 것은 학습 코칭으로 보완이 가능하다. 과제 수행을 성실히 하는 아이들은 공부 분량을 늘리거나 공부 방법을 바꾸는 등 학습 코칭을 성실히 잘 따라 결국은 성적도 오른다.

지필고사는 시험 기간이 정해져 있어서 그때만 바짝 긴장하면 되지만 수행평가는 그렇지 않다. 과목마다 평가 방법과 시기가 달라 날짜를 까먹기도 하고 준비를 소홀히 하기도 한다. 수행평가를 앞두고 친구에게 물어보기 바쁜 아이들은 좋은 점수를 받기 어렵다. '언제 수행평가가 있으니 지금쯤 무엇을 해두어야 한다'고 늘 인지하고 있는 아이들이 수행평가 점수도 높다.

감점이 없어야 한다

중간고사와 기말고사를 잘 봤다고 끝이 아니다. 수행평가 점수와 합산되어 최종 성적이 결정되며 그에 따라 총점도 달라지고 등

수도 달라진다. '그거 몇 점 들어가지도 않는다'라고 생각해서는 안 된다. 아이가 그렇게 말한다면 생각을 바로잡아주자.

"몇 점인지와 상관없이 네가 할 수 있는 건 모두 최선을 다해야 한다."

그렇게 말할 수 있으려면 엄마도 평소에 그런 태도를 보여주어야 한다.

| 성적표 예시 |

과목	지필/수행	고사/영역명(반영 비율)	만점	받은 점수	합계	성취도(수강자 수)
국어	지필	2학기 중간고사(35.00%)	100.00	100.00	90.50	A(619)
	지필	2학기 기말고사(35.00%)	100.00	78.00		
	수행	독서활동(12.00%)	40.00	36.00		
	수행	과제활동 및 태도(18.00%)	60.00	58.00		

위의 예시는 공부를 제법 잘하는 학생의 성적표다. 초등학교 때는 과학영재반, 수학경시반 등 우수한 그룹에 속하며 그 학교에서는 경쟁자가 없을 정도로 뛰어난 성과를 보였다. 그러나 중학교에 가서 받은 성적표는 기대를 밑돌았다.

2학기 기말고사 점수는 왜 뚝 떨어졌느냐고 묻자 중간고사 평균이 너무 높아 기말고사 시험을 어렵게 냈단다. 그럴 수 있다. 시험공부는 할 만큼 다 했느냐고 묻자 그렇단다. 그러면 된 것이다. 독서활동 수행평가는 보통 책을 읽고 독후감을 써서 제출한다.

특별히 어려울 것도 없는데 4점이 부족하다. 이유를 물으니 대답이 걸작이다.

"독후감 내는 날짜를 까먹어서 늦게 냈어요."

아무것도 아닌 일로 점수를 날려먹은 것이다. 과제활동 및 태도에서도 2점이 빠진다. 과제활동 및 태도는 평소 수업 시간에 발생한 벌점이나 상점을 반영하는데, 교과서를 안 가져오거나 떠들어서 지적을 받는 등 특별한 사항이 없으면 감점도 없다. 왜 2점이 깎였느냐고 묻자 대답이 또 걸작이다.

"어? 왜 깎였지? 국어 시간에는 걸린 거 없었는데? 모르겠어요."

이런 게 최선을 다하지 않은 모습이다. 나에게 어떤 벌점이 있는지 알고, 그것을 상쇄할 만한 상점을 얻기 위해 노력했어야 한다. 정말 무엇 때문인지 모르겠다면 선생님께 감점의 이유를 물어보기라도 했어야 한다.

지필고사든 수행평가든 내가 할 수 있는 모든 노력을 다해야 함을 가르치자. 거기에 더해 수행평가에서는 감점을 받지 않도록 해야 한다. 수업 시간에 늦지 않기, 준비물 빠뜨리지 않기, 제출 날짜 지키기 등 감점만 없어도 쉽게 만점을 받을 수 있다.

실기시험은 연습으로 준비하자

체육·음악·미술 등 실기가 중요한 예체능 과목은 지필고사보다 수행평가 비중이 더 크다. 따라서 이 과목들은 다른 과목의 중간고사와 기말고사를 준비하듯 수행평가에도 신경을 써야 한다.

예체능 과목은 원래 잘하는 애들이 있다. 노래에 재능이 있는 아이는 가창 시험에 유리할 것이고, 운동 능력이 좋은 아이는 장난하듯 체육 시험을 치를 것이다. 그렇다고 그런 아이들이 다 만점을 받는 건 아니다. 교과과정에서 요구하는 수행평가는 재능을 평가하는 게 아니기 때문이다. 예를 들어 가창 시험을 볼 때는 음정과 박자, 악상기호 등을 완전히 이해했는지, 그리고 그 규칙에 따라 노래를 불렀는지를 평가한다. 따라서 타고난 목소리가 좋아 노래를 잘했더라도 멋을 부리느라 악보대로 노래를 부르지 않았다면 감점이 된다.

어떤 과목이든 교과과정의 모든 실기평가 항목은 연습으로 준비할 수 있다. 줄넘기 시험이 있다면 공원에 나가 아이와 함께 줄넘기를 하자. 가창 시험은 노래를 부르며 원곡의 가사를 외우는 연습을 통해 준비할 수 있다. 시험을 위해 시작한 연습이지만 열심히 하다 보면 예상치 못한 즐거움을 맛볼 것이며, 차분한 집중을 경험하게 된다. 아이들에게 실기 연습의 추억을 선물하자.

제출 날짜가 자유롭다면 일찍 제출하세요

고1, 중3, 초5 세 아이를 키우는 엄마입니다. 큰애가 중학교에 입학해서 초등학교 때랑 가장 다르다고 느낀 것이 숙제였어요. 초등학교 때는 그날그날 검사하는 숙제가 전부였는데 중학교 때는 두 달 후에 검사할 것들을 학기 초에 알려주기도 하고, 어떤 숙제는 제출 날짜가 정해지지 않은 것도 있더라고요. '중간고사 전까지' 이런 식으로요. 그런 숙제는 언제 내야 할지 모르니까 언제까지 하라고 아이에게 알려주기도 어렵고 계획을 세우기도 애매하더라고요. 그렇다고 중간고사까지 기다렸다가 숙제를 하게 하는 건 좋지 않을 거 같아서 우선 일찍 시작을 했어요. 그러니까 숙제를 중간고사를 보기 한참 전에 끝냈지요.

다 한 숙제를 마냥 가지고 있을 수도 없어서 우선 선생님께 가지고 가라고 했어요. 그랬더니 우리 아이만 숙제를 너무 일찍 가져왔는지 선생님이 놀라시더래요. 우선 잘했다고 칭찬을 하시고는 이런저런 점을 더 보충하면 좋겠다고 조언을 해주셨어요. 그래서 아이랑 앉아서 그 부분을 더 했지요. 그렇게 해서 다른 아이들과 비슷한 날짜에 다시 제출했습니다. 제출 날짜에 임박해서 한 다른 아이들에 비해서 내용도 더 충실했겠지요. 아이가 부지런히 노력한 것을 선생님께서도 아시기 때문에 숙제 점수도 좋았습니다. 그 이후부터는 모든 숙제를 그렇게 해요. 동생들도 그렇게 지도하고 있습니다.

처음에는 잘 몰라서 그렇게 했지만 참 잘했다고 생각해요. 늦게 내도 되는 숙제여도 미루지 않고 하는 습관을 만들어줄 수 있고, 일찍 숙제를 내면 선생님이 칭찬을 해주시니까 아이도 기분이 좋고요. 그냥 받는 선생님도 계시지만 보통은 다른 학생들 숙제와 함께 평가하기 위해 다시 돌려주시는 경우가 많은데, 보충할 점을 알려주시기 때문에 공부도 더 하게 되고 숙제의 완성도도 더 높아져 점수도 잘 받을 수 있어요.

22

티끌 모아 태산,
쉬는 시간 활용법

> 방학을 제외하면 1년 동안 약 8.5개월을 학교에 다닌다. 하루에 쉬는 시간이 적어도 다섯 번, 한 달에 20일 등교를 한다고 계산하면 10(분)×5(회)×20(일)×8.5(개월) 총 8500분이다. 시간으로 환산하면 141시간이 넘는다. 그중 절반만 활용해도 70시간이나 된다. 원래 쉬라고 주어진 시간이지만 야무지게 활용하면 휴식의 즐거움보다 큰 성취감을 맛볼 수 있다.

꾸준히 실천할 수 있는 공부 소재를 정한다

쉬는 시간은 짧은 시간이 토막으로 주어지기 때문에 새로운 개념을 이해하거나 오랜 시간 생각해야 하는 공부를 하기엔 부적절하다. 언제라도 덮었다가 펼치면 바로 집중할 수 있는 공부가 좋은데, 문제 풀이나 영어 단어 외우기, 앞 시간 수업의 복습, 독서 등이 적당하다.

복습은 수업에 대한 망각이 진행되기 이전에 이루어진다는 점에서 대단히 효과적이기 때문에 적극 권한다. 수업 시간에 집중했다면 1~2분 정도 훑어보는 것으로 복습은 충분하고, 시간이 남으면 독서나 문제 풀이 등 다른 공부를 하면 된다. 문제 풀이는 복습한 과목의 문제집을 골라 해도 좋고, 쉬는 시간에만 푸는 문제집을 정해두어도 좋다.

'쉬는 시간 전용 공부'는 평소 공부의 필요성은 느끼지만 시간을 내지 못했던 것으로 정해보자. '해야 되는데' 하는 부담을 덜 수 있고 공부하는 시간이 짧으니 지루할 틈도 없다.

한 문제, 단어 하나, 한 줄이라도 공부한다

쉬는 시간 활용에 실패하는 아이들의 공통점은 '그 시간에 뭘 얼마나 하겠느냐'는 태도다. 하지만 시간은 돈과 같아서 쪼갤수록 늘어난다. 단 한 문제, 단어 하나라도 공부할 수 있다면 책을 펴야 한다. 쉬는 시간에 볼 책은 항상 책상 서랍에 넣어두고, 보던 페이지에 펜을 끼워두어서 지체 없이 바로 펼칠 수 있도록 하자.

활용할 수 있는 쉬는 시간이 1~2분밖에 되지 않더라도 상관없다. 잠깐이라도 집중하면 서너 문제는 풀 수 있고 집중의 효과는 다음 수업 시간에도 이어지기 때문이다. 언제 어느 때든 집중하는 두뇌를 가진 아이는 집중력, 시간 활용, 학습량 등 모든 면에서 유리할 수밖에 없다.

60%만 실천해도 성공이다

쉬는 시간에 공부를 하고 싶어도 하지 못하는 이유는 친구들의 시선 때문이다. 특히 교실 분위기에 영향을 많이 받는 중학교 1~2학년 학생들은 친구들의 시선에 더 예민하다. 학년이 올라가면 친구들의 시선에 어느 정도 무감각해지는데, 굳은 다짐으로 시작해도 의지와 무관한 변수들이 도사리고 있는 점도 쉬는 시간 공부를 방해하는 요소다. 몸이 아프거나 기분이 우울한 날은 실천 확률이 떨어지며, 체육이나 실험, 실습, 이동수업이 있을 때도 쉬는 시간에 공부하기가 어렵다.

쉬는 시간을 활용할 수 있어도 1분 복습과 책상 정리, 화장실 다녀오기 등 몇 가지 행동을 하고 나면 10분의 쉬는 시간 중 충분히 확보할 수 있는 시간은 5~7분 정도다. 따라서 쉬는 시간의 100%를 공부에 모두 쏟아붓겠다고 욕심내는 것은 무리다.

쉬는 시간 중 60%를 공부에 투자할 수 있다고 가정하고 내가 쓸 수 있는 쉬는 시간을 계산해보자. 5주 동안 실천한다면 총 1250분이지만 나의 실천 목표는 그것의 60%인 750분이다. 그것으로도 충분하다.

쉬는 시간을 활용한 결과를 예측해본다

쉬는 시간은 매번 정확하게 돌아오는 자투리 시간이다. 한 달이면 얼마나 공부를 할 수 있을까 예측해보자. 영어 단어를 몇 개 외울 수 있는지, 독서를 몇 쪽이나 할 수 있는지, 수학 문제를 몇 문제나 풀 수 있는지 미리 적어두자. 구체적인 예상치가 실천 동기를 불러일으키기 때문이다.

아이가 갖고 있는 문제집이 쉬는 시간에 풀기에 적당한지도 점검하고, 2~3개월을 단위로 계획도 세워보자.

| 쉬는 시간 활용 계획의 예 |

무엇을 어떻게 공부하지?		학습 기간 (날짜)	전체 쉬는 시간(분/시간)	공부에 투자하는 쉬는 시간(전체 쉬는 시간의 60%)	이 시간을 활용하면 어떤 효과가 나타날까?
교재	학습 방법				
영어 교과서	모르는 단어 쉬는 시간마다 외우기	3/26 ~ 4/27	1250분 (약 20시간) 1일 5회×1주 5일×5주	750분 (12.5시간)	300개 이상의 단어를 외울 수 있다

아침 자습 시간과 점심시간을 함께 활용하자

학교생활 중에는 쉬는 시간 외에도 자투리 시간이 많다. 매일 규칙적인 시간만 해도 아침 등교 후 1교시 전의 시간과 점심시간이 상당하다. 그 시간들을 활용하면 쉬는 시간에 하는 공부에 훨씬 탄력이 붙는다. 아침 자습시간과 1~3교시까지의 쉬는 시간을 묶고, 점심시간과 5~7교시까지의 쉬는 시간을 묶어 다른 공부를 하면 오전, 오후의 기분도 달라지고 지루함도 덜하다.

23
방과후학교로
알짜배기 공부하기

> 중학교의 방과후학교 수업은 초등학교의 체험활동 중심의 방과후학교와 다르다. 학교 선생님들이 담당하는 교과목 수업이 많아 방과후학교만 잘 활용해도 알짜배기 공부를 할 수 있다. 하루 종일 학원 과외에 시달리는 '공부노동' 대신 정규수업과 방과후수업을 연결해 학습 효과를 높이자.

사교육이 따라올 수 없는 경쟁력

대부분 학생들은 방과후학교를 대수롭지 않게 생각한다. 학교에서 하는 것이니 안 하는 것보다 낫다는 정도로 생각한다. 그러나 방과후학교의 장점은 생각보다 많다.

- 학교에서 안내를 하니 여기저기 교육 정보를 알아볼 필요 없이 자연스럽게 시작할 수 있다.
- 수업료가 싸다. 비슷한 프로그램을 운영하는 사설학원의 20~50% 수준이다.
- 정규수업이 끝나면 교실만 옮겨서 수업을 들을 수 있으니 학원을 오가는 번거로움과 시간 낭비를 줄일 수 있다.
- 학원처럼 숙제나 주간 평가 같은 부담이 없어 불필요한 학업 스트레스가 쌓이지 않는다.
- 학교 선생님들이 수업을 진행하기 때문에 정규수업과의 연계성이 높다.
- 학사 일정에 따라 유동적으로 수업이 운영되므로 '환경미화 준비하느라 학원에 늦는 것'과 같은 불편을 겪지 않아도 된다.

이 중에서도 가장 큰 이점은 '정규수업과의 연계성'이다. 이는 여러 학교 학생들이 모이는 학원이나, 지역 및 학교의 특색을 고려하지 않고 동일한 수업 내용을 제공하는 인터넷 강의에서는 결코 얻을 수 없는 부분이다. 더구나 학원을 다니는 이유가 학교 공부를 잘하기 위함이라는 점을 생각해본다면 방과후학교 수업이 학습 효과 면에서도 유리하다고 할 수밖에 없다. 학교 선생님들은 수행평가의 채점위원이자 내신시험의 출제위원이기 때문이다.

방과후학교 수업을 들으며 정규수업과의 연계점 찾기

방과후학교 수업을 들을 때는 정규수업과 어떤 관련성이 있는지 주의를 기울여야 한다. 방과후학교에서만 누릴 수 있는 특장점이기 때문이다.

● 논술, 신문 읽기, 독서토론 등 교과목과 간접적으로 연결되는 수업 : 논술이나 신문 읽기 같은 과목은 정규수업과 무관한 내용으로 이루어진다. 그렇더라도 사례나 개념을 설명할 때는 수업 시간에 다룬 내용을 끌어오게 마련이다. 학생들의 사전지식 수준을 맞추어야 하기 때문이다. 이 과정에서 학생들은 간접적으로 반복학습을 하게 되고, 교과 내용을 다각적으로 이해할 수 있다.

● 교과목 심화, 문제 풀이 수업 : 교과목 심화나 문제 풀이 등의 수업은 정규수업의 진도와 비슷하거나 조금 빠른 것이 보통이다. 이때는 방과후학교 수업이 훌륭한 반복 학습 또는 예습이 된다. 같은 과목이라도 정규수업 선생님과 방과후학교 선생님이 다를 수 있는데, 같은 내용을 다른 방식으로 배울 수 있고 시험 출제는 여러 선생님이 하시니 다른 반의 수업 방식을 경험할 수 있는 좋은 기회가 된다.

방과후학교의 수업 진도는 그날의 공부 분량

아이들은 스스로 공부할 때 무엇을 얼마나 공부할지 구체적으로 계획 세우는 것을 어려워한다. 그저 '영어 공부해야지'라고만 생각하고, 교재를 선택할 때도 '겨울방학 때 풀려고 사두었는데 다 하지 못했으니까'라는 이유가 전부다. 그 책을 책상에 펴놓고는 '오늘은 몇 쪽을 어떻게 공부할지'를 정하지 않는다. 그러다 보니 공부한 보람도 없고 그다음 날이 되면 똑같이 '해야지'를 반복하게 된다.

이런 아이들에게 방과후학교는 아주 좋은 공부의 기준이 된다. 혼자 공부할 때 방과후학교에서 수업받은 대로 공부하면 쉽다. 교재는 선생님이 신중히 고른 것이고, 그날 수업 진도는 집에 돌아와 공부할 분량이 된다. 수업한 만큼 복습하고 문제를 풀면 여러 과목을 규칙적으로 공부할 수 있다.

혼자 하는 공부에 막막함을 느낀다면 국어·영어·수학 등 주요 과목을 방과후학교 수업으로 신청하고 매일 그날의 공부로 삼아보자. 하루에 1시간 정도의 수업 분량이므로 복습하기에 부담이 없고, 집에서 공부하는 시간도 자연스럽게 일정해져 공부 습관을 들이기에 좋다.

희망 수업이 있다면 학교에 건의해보세요

경기도의 한 중학교에 근무하는 교사입니다. 저는 '학습 멘토링'이라는 방과후수업을 담당하고 있어요. 특별히 어느 과목 수업을 하는 건 아니고 아이들이 스스로 하고 싶은 공부를 하는 동안 모르는 것들을 질문하면 알려주는 것이죠. 그래서 저를 포함해 주요 과목 선생님들이 두 명씩 요일을 번갈아가며 교실에 들어가요.

이 멘토링 수업은 한 학부모의 건의로 시작되었습니다. 저희 학교는 시내와 떨어져 있어서 아이들이 학원을 다니기도 어렵거든요. 학교가 끝나면 혼자 집에서 보내는 시간이 많아 부모님이 일을 마치고 올 때까지 심심하게 혼자 공부하며 모르는 것을 가르쳐줄 사람도 없다는 거예요.

처음에는 1시간 수업으로 시작을 했는데 아이들이 조금 더 학교에 있기를 원해서 지금은 밤 9시까지 운영하고 있습니다. 주로 학교 근처에서 자취를 하는 젊은 선생님들이 멘토링 수업에 참여해요. 선생님들도 아이들과 편하게 공부하는 그 시간을 좋아하고 아이들도 만족도가 높습니다. 학부모님들은 더할 수 없이 감사해하시고요.

학교 선생님들은 어떤 방과후수업을 개설해야 아이들의 참여율이 높을지 늘 고민합니다. 희망하는 수업이 있다면 학교에 건의해보세요.

생활습관이 바르지 못한데 공부를 잘하는 아이는 거의 없다. 설령 성적이 곧잘 나온다 해도 오래가지 못하며 학습 효율이 떨어질 수밖에 없다. 미래에 아이가 좋은 학교에 가길 바란다면 어떤 학원에 보낼지 고민하기보다는 먼저 아침에 일찍 일어나 아침밥을 챙겨 먹고 등교 전에 짧은 공부를 하는 습관, 자신의 방 청소를 스스로 하는 습관, 시간과 용돈을 효율적으로 쓰는 습관을 길러주자.

Part 4

성적 잡고 행복 잡는 중1 생활 수칙

24

아침마다
두뇌에 밥을 주자

> 뇌는 밤에 성장하고 지식을 재구성한다. 밤새 일하느라 지친 뇌에게 매일 아침 규칙적으로 에너지(식사)를 공급하는 것은 당연한 일이다. 아침밥은 뇌가 먹는다고 해도 과언이 아니다.

상위 0.1% 학생들의 공통점

해마다 수능시험을 치르는 인원은 70만 명 안팎이고, 그중 0.1%는 동점자를 포함해 상위 800명 정도다. 40명씩 10개 반이 있는 400명 규모의 학교를 기준으로 가늠해본다면 전교 4등이 상위 1%가 되고, 인근 학교 10개를 모아 4000명 중 4등을 해야 0.1%에 해당하는 것이다. 아이들 눈에 이 아이들은 '외계인'이다. 이들이 상위 0.1%가 된 비밀은 무엇일까?

그 비밀은 당신이 기대한 것보다 간단하다. 바로 정해진 시간에 일어나 매일 규칙적인 아침 식사를 하는 것이다. TV 보는 시간, 잠자는 시간, 공부하는 시간 등 성적과 직결될 것만 같은 항목에서는 다른 학생들과 큰 차이를 보이지 않았지만(2% 내외), 아침 식사 항목에서는 40%가 넘는 차이를 보였다.

아침밥과 성적의 관계

초등학교 5학년에서 중3까지 아침 식사를 규칙적으로 한 학생들과 그렇지 않은 학생들을 비교한 연구가 있다. 아침 식사를 제대로 한 학생들은 중3이 되었을 때 성적이 향상되고 허리둘레가 표준이었던 반면, 아침 식사를 제대로 하지 않은 학생들은 중3 때 성적이 떨어지고 허리둘레가 표준을 넘어 비만이 되어 있었다. 비만이 되느냐 아니냐가 아침 식사와 관련 있다는 것은 아침 식사가 아이들의 간식을 포함한 식습관, 생활습관과 직결된다는 것을 의미한다.

아침 식사는 매일 아침 뇌에 에너지를 공급함으로써 그날의 집중력에 영향을 미치고, 장기적으로 뇌의 질을 좋게 만든다. 관찰 카메라로 아침 식사를 한 반과 하지 않은 반의 수업 태도를 살펴보니 아침 식사를 하지 않은 반은 활기가 없었다. 1교시가 지나니 아이들은 엎드려 자기 시작했고, 2교시 수업이 시작되면 겨우 일어나 대충 수업을 들었다. 멍하게 앉아 있거나 앉아서 조는 아이들도 많았다. 반면 아침밥을 먹은 아이들은 선생님 말씀에 집중하고 적극적으로 수업에 참여했다. 그뿐이 아니다. 암기력, 계산력, 기억력 등 모든 두뇌력 테스트에서 아침밥을 먹지 않은 아이들보다 점수가 훨씬 높았다.

이런 생활이 계속되면 결국 수능 성적도 영향을 받는다. 이를 입증하는 연구 결과가 있다. 대학생 3600명을 대상으로 조사했더니 매일 아침 식사를 규칙적으로 한 학생들의 수능 평균점수는 294점이었고, 주2회 이하로 아침 식사를 한 학생들의 수능 평균점수는 275점이었다. 아침 식사를 제대로 한 학생들의 수능 점수가 20점 가까이 높았다. 이쯤 되면 아침 식사가 집중력과 학습 태도, 생활 태도는 물론 성적과도 직결된다고 봐야 한다.

| 아침 식사 횟수에 따른 수능 성적 |

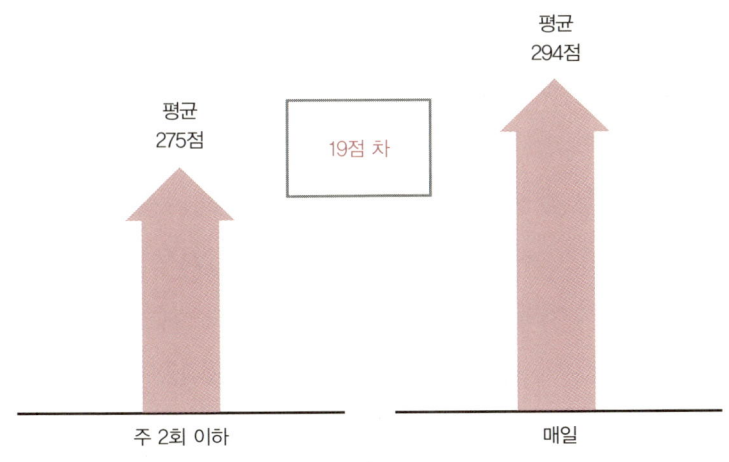

식사 시간은 규칙적으로

가장 이상적인 아침 풍경은 온 가족이 아침 식사를 함께 하는 것이다. 부모가 아이들보다 일찍 일어나 식사를 포함해 출근 준비를 하고, 그 소리에 아이들이 잠에서 깨어 등교 준비를 하는 것이 자연스럽고 바람직하다.

가족이 함께 하는 규칙적인 아침 식사는 하루를 안정적으로 시작할 수 있게 한다.

아침 식사의 또 다른 장점은 시간을 예상하고 행동을 조율하는 연습을 할 수 있다는 것이다. '7시 45분 아침 식사'가 습관화된 아이들은 '7시 30분에 세수하고 45분에 아침을 먹고 8시에 집을 나가면 8시 20분에 학교에 도착'이라는 인식이 자리 잡게 된다. 반대로 눈 떠지는 시간에 따라 아침 식사 여부가 달라진다면 어떨까? 아침부터 시간에 쫓기며 능동적인 하루 관리를 할 수 없게 된다.

규칙적인 아침 시간을 보낸 아이들과 사고방식, 행동, 습관 모든 면에서 차이가 나는 것이다.

중학교 1학년은 본격적인 사춘기가 시작되면서 잠이 많아지고 학습량 또한 많아지는 시기이므로 부모가 도와주지 않으면 아침 식사를 챙기기 어렵다. 아침에 식사를 준비하는 것은 엄마에게도 만만치 않은 일이니 전날 밤 잠들기 전에 국을 끓여놓거나 쌀을 씻어놓는 등 준비를 해두자.

아침밥으로 무엇을 먹으면 좋을까?

밤새 일한 뇌에 필요한 영양소는 탄수화물과 단백질이다. 호텔의 조식 뷔페는 서양의 오래된 아침 식사 풍습이 그대로 반영되어 있는데 콩, 달걀, 베이컨, 소시지, 빵 등 모두 아침에 꼭 필요한 영양소를 담고 있다.

그러나 아침 식사라고 해서 특별히 차릴 것은 없다. 무엇을 먹느냐보다 매일 규칙적으로 먹느냐가 더 중요하며 된장국에 밥, 달걀프라이, 김치 정도면 영양 면에서도 훌륭하다. 부모가 출근 준비로 바빠 국이나 밥을 차릴 겨를이 없다면 식빵에 딸기잼, 우유도 좋다. 가족이 함께 먹으면 그것만으로 큰 효과를 낸다.

감자나 고구마, 달걀을 미리 삶아두거나 죽을 끓여 냉장고에 두었다가 데워 먹는 등 각 가정의 식성과 상황에 따라 실천할 수 있는 방법을 생각해보자.

25
10분
아침 공부의 힘

> 매일 일정한 시간에 일어나 아침 식사를 하는 습관이 몸에 익으면 아침 공부에 도전해보자. 10분의 아침 공부는 그날의 학습 의욕을 이끌어갈 뿐만 아니라 성공의 씨앗이 된다.

성공의 씨앗이 되는 아침 공부

아침 공부는 공부 분량을 늘릴 욕심으로 하는 게 아니다. '난 아침에 공부했다'는 뿌듯함과 자부심이 새로운 교재를 추가하거나 더 많은 문제를 푸는 것보다 더 중요하다. 대놓고 자랑할 수는 없지만 등굣길에 마주치는 친구들을 보면서 '난 너희와 달라. 아침에 이미 공부를 한 건 했거든' 하며 자신감과 자부심이 샘솟는 것이다. 그 힘이 그날의 학습 의욕을 이끌어간다.

청소년기에는 학교 공부로 아침 10분을 보내겠지만 점차 독서, 일정 관리, 명상 등으로 그 시간을 채울 것이고, 그 10분이 인생을 성공으로 이끄는 데 큰 역할을 하게 될 것이다.

대부분 사람들이 아침 시간에는 늦잠을 자거나 허겁지겁 등교 준비를 하는 등 생산적인 활동을 전혀 하지 못한다. 그러니 아침 공부를 하면 남들보다 시간을 더 쓰는 셈이며, 결국 더 많은 공부를 하게 된다. 그래서 아침 공부는 단 10분이라도 특별하다. 학교에서 보내는 쉬는 시간 10분이나 저녁 공부 시간 중 10분보다 훨씬 의미와 효과가 크다.

아침 공부는 10~15분이 적당하다

아침 공부가 좋다고 해서 아이를 강제로 깨워서 시켜서는 효과를 볼 수 없다. 아침 공부의 의미와 효과를 충분히 이야기해주고 아이가 동의하면 스스로 의지를 가지고 실천할 수 있게 돕자. 이때도 무리하게 일찍 깨울 필요는 없다.

대부분 아이들은(어른들도 그렇지만) 알람을 7시에 맞추어놓더라도 실제 일어나는 시간은 7시 10분이나 20분쯤 된다. 학교생활에 익숙해지다 보니 후다닥 준비하고 뛰어가면 될 시간까지 계산해 꼼지락거리며 버티기 때문이다. 아침 공부는 그렇게 꼼지락거리는 시간을 활용하는 것으로 시작해야 한다.

20분 일찍 일어났다고 해서 20분을 모두 공부에 쓸 필요는 없다. 공부 시간은 10분으로 하고 나머지 10분은 여유 있는 아침 시간을 위해 쓰자. 아침에는 5분도 정말 길게 느껴진다. 허겁지겁 먹던 밥을 차분히 충분히 먹고, 뛰어다니던 길을 걸어가면 된다.

아침에는 쓰고 말하며 공부한다

잠이 덜 깬 아침에 무슨 공부가 될까 걱정되기도 할 것이다. 아침에는 조용히 읽거나 생각하며 문제를 푸는 공부를 해서는 안 된다. 단어 공부를 한다면 입으로 발음하며 손으로 써야 하고, 예습을 한다면 해당 내용을 소리 내어 읽어야 한다. 수학 문제를 푼다면 새로운 문제를 풀기보다 어제 푼 문제 중 헷갈렸던 것을 복습하되 풀이 과정을 설명하면서 공부하는 게 좋다. 몸을 함께 써야 집중하기가 더 수월하기 때문이다.

성경 읽기나 한자 쓰기같이 아침에만 하는 공부를 정해두어도 좋고, 그날 해야 할 공부 중 간단한 것을 아침에 하나 끝내도 좋다. 단 '10분 동안 할 수 있는 만큼만 한다'보다는 공부를 시작하기 전에 '10~15분 동안 집중하면 끝낼 수 있는 분량'을 정해두는 것이 성취감을 느낄 수 있어 좋다.

최소 21일은 지속해야 습관이 된다

새로운 습관을 만들거나 기존의 습관을 바꾸려면 뇌에 새로운 회로가 생겨야 한다. 그러려면 평균 21일 정도가 소요되고, 회로가 형성되고도 습관이 몸에 익어 자연스럽게 행동으로 나오게 하려면 약 2~3개월이 걸린다. 그러니 3주 정도는 알람 시간에 맞춰 일어나는 노력을 의식적으로 해야 하고 그 후에도 2~3개월은 신경을 써야 한다.

처음 3주는 눈을 뜨자마자 기상 시간을 적고, 아침에 어떤 공부를 했는지를 적으며 의식적으로 실천하자. 첫 1주가 가장 힘들고, 특히 3일째가 고비다. 도대체 이걸 왜 해야 하는지 부정적인 생각이 들기도 한다. 자연스럽고 당연한 반응이다. 비몽사몽 상태에서 공부를 제대로 못하는 날도 있을 것이다. 그래도 개의치 말고 꾸준히 실천하자. 1주를 잘 넘기면 보너스 용돈이나 가족 외식 등 즐거운 보상을 해주는 것도 좋다.

2주가 지나면 살짝 지루함이 느껴질 만큼 익숙해진다. 알람에 맞춰 일어나고 책상에 앉아 공부를 시작하는 데는 어려움이 없는 단계다. 긴장이 흐트러지지 않도록 주의하며 집중의 질을 높이는 데 힘쓰자.

3주를 무사히 보낸 후에도 2~3개월 정도는 실천 여부를 지속적으로 체크하는 게 좋다.

| 21일 아침 공부 체크 양식 |

	1	2	3	4	5	6	7	8	9	10	11	12	13	14	15	16	17	18	19	20	21
실천 날짜																					
기상 시간																					
학습 내용																					
실천 Tip	3일째가 가장 힘들어요.			첫 주 동안 성공하면 즐거운 보상을 해주세요.				2주를 무사히 넘겼다면 반은 성공! 집중의 질을 높이도록 노력하세요.							이제 뇌에 '아침 공부'라는 습관 회로가 만들어졌습니다. 완전히 익숙해지려면 앞으로 2~3개월이 더 필요해요.						

26
밤이 깊을수록 초롱초롱해지는 아이들

> 신생아가 하루에 20시간 이상 자는 것이 정상이듯 사춘기 청소년들은 늦게 자고 늦게 일어나는 것이 자연스러운 생체리듬이다. 그것이 등교 시간과 맞지 않고 잠보다 공부에 더 많은 가치를 두는 사회 분위기에 어울리지 않는다고 해서 아이들을 나무랄 수는 없다. 충분히 자고 즐겁게 일어날 수 있도록 돕자.

자연스러운 생체리듬임을 인정하자

낮에는 멍하다가도 해가 지고 밤이 되면 아이들의 눈은 빛난다. 엄마는, 아침에 일어나지도 못하면서 밤늦게까지 잠들지 않는 아이가 못마땅할 수밖에 없다. 아이들에게 왜 늦게 자느냐고 물어보면 일찍 자려고 누워도 잠이 오질 않는단다. 늦게 자고 늦게 일어나는 습관 탓일까? 그렇다면 어린이집, 유치원, 초등학교 시절에 잘 지켜온 '일찍 일어나고 일찍 일어나는 습관'이 더 강력히 자리 잡았어야 하는 걸까? 새벽형이니 올빼미형이니 하는 수면 스타일 때문일까? 그렇다면 노인들은 유난히 새벽형이 많고 청소년들은 올빼미형이 많은 것도 이상하다.

청소년들이 늦은 밤까지 잠들지 않는 이유는 사춘기의 생체리듬 때문이다. 관련 연구 내용을 잠깐 보자. 청소년들을 대상으로 외부의 햇빛을 완전히 차단해 시간의 변화를 전혀 느끼지 못하도록 한 뒤 자고 싶을 때 자고 일어나고 싶을 때 일어나도록 했다. 결과는 어땠을까? 대부분 청소년이 새벽 3시에 잠자리에 들고 낮 12시에 일어났다. 이는 전 세계 모든 청소년들의 공통된 현상이다. 즉 청소년들이 가장 쾌적하게 느끼는 수면 주기는 새벽 3시부터 낮 12시인 것이다. 이 수면 주기는 성인이 되면서 차차 정상으로 돌아온다.

그러니 아이들이 일찍 잠들지 않는 것이나 아침에 일어나기 힘들어하는 것을 조금 너그럽게 받아들이자. 단지 무절제나 게으름 때문만은 아니니 너무 걱정하거나 꾸중하지 않아도 된다.

나만의 시간을 갖고 싶은 마음을 이해하자

아이들이 공부도 안 하면서 늦게까지 자지 않는 이유는 잠이 안 와서이기도 하지만 그 시간의 평화로움이 좋기 때문이기도 하다. 아침부터 저녁까지 학교와 학원을 오가며 분주한 하루를 보내고 나면 조용히 나만의 시간을 갖고 싶어진다. 다이어리 정리도 하고, 하루 종일 이런저런 감정이 오간 친구들에게 미안함이나 고마움을 전하는 메시지도 보내며, 전율이 흐르는 음악 속에 푹 빠지기도 한다. 시끄러운 동생도 잔소리하는 엄마도 운동하러 가자며 귀찮게 하는 아빠도 모두 잠든 시간이니만큼 아이들은 새벽을 사랑할 수밖에 없다.

편안한 기상을 유도하자

새벽을 만끽하다 잠이 들었으니 어찌 일찍 일어날 수 있겠는가. 아침에 깨우러 들어간 엄마 속은 뒤집어진다. 불은 끄지도 않고 귀에 꽂은 이어폰에서 음악은 쟁쟁하다. 한두 번 불러서는 일어나지도 않는다. 청소년들은 아침 잠이 많기 때문에 매일 아침 등교를 위해 일찍 일어나는 것은 어른들보다 더 힘든 일이다. 이 아이들에게 어떻게 하면 상쾌한 아침을 선물할 수 있을까?

아들 셋을 키운 한 엄마는 시원한 과일을 입에 물려준다고 한다.

"덩치가 커서 흔들어지지도 않아요. 때리고 꼬집어도 제 손만 아프더라고요. 분무기로 물을 뿌려도 봤어요. 그러면 일어는 나는데 좀 유치하잖아요. 아이들이 인상 쓰면서 일어나는 것도 싫고요. 그래서 지금은 입에 시원한 과일을 넣어줘요. 시원한 게 몸에 닿으면 정신이 번쩍 들잖아요. 씹으면서 자연스럽게 잠이 깨요."

아침밥 하는 맛있는 냄새에 깨는 아이들도 있고, 음악을 틀어놓는 엄마도 있다. 편안한 기상을 위해 지혜를 모아보자.

청소년에게 필요한 수면 시간

중학교에 입학하면서 공부 부담이 커진 중1들은 자주 나른해지는 몸과 수시로 쏟아지는 잠 때문에 곤혹을 치른다. 중학생이 되었으니 초등학교 때보다 잠을 덜 자고 공부를 더 많이 해야 할 텐데 몸이 따라주지 않는 것이다. 그래서 유난히 중1들은 "잠은 하루에 몇 시간 자야 되요?"라는 질문을 많이 한다.

청소년에게 필요한 수면 시간은 얼마나 될까? 청소년들의 수면 리듬은 '새벽 3시에서 낮 12시'라는 실험 결과로 유추하면 청소년의 적정 수면 시간은 9시간임을 알 수 있다. 다른 연구에서도 사춘기 청소년들은 하루에 평균 9시간 15분은 자야 정상적인 뇌 활동이 가능한 것으로 밝혀졌다.

대한민국에 9시간 이상 잘 수 있는 중학생이 몇 명이나 있을까? 하지만 수업 시간에 졸거나 멍하게 깨어 있는 시간을 고려한다면 결국 뇌는 필요한 만큼 휴식을 원하는 것이다. 밤에 자는 시간이 부족하다면 하교 후 낮잠 시간을 정하자. 자신도 모르게 졸며 공부 효율을 떨어뜨리는 것보다 훨씬 낫다.

27
공부가 좋아지는 공부방 만들기

> 공부하는 방식은 여러 가지가 있지만 시간대, 공부 장소, 소음과 조명의 밝기 같은 물리적 환경도 아이마다 좋아하는 조건이 다 다르다. 부모는 아이의 공부 스타일을 고려하되 효과적인 학습이 이루어지도록 환경을 만들어주어야 한다. 내 아이의 공부방은 어떤가? 그동안 공부를 방해하는 요소를 무심결에 방치해두지는 않았는지 점검해보자.

온도와 습도가 적당한가?

사람은 살아 있는 생물이라서 환경의 영향을 매우 많이 받는다. 특히 온도와 습도는 무의식중에 계속 노출되는 환경이므로 퀴퀴한 냄새가 나거나 환기가 잘되지 않으면 쉽게 피로하고 쉬어도 편하지 않다.

　아이에게 따뜻함을 좋아하는지 시원함을 좋아하는지 물어보자. 엄마는 신경 써서 방을 따뜻하게 해놓지만 정작 아이는 답답하다며 문을 활짝 열어놓을 수도 있다. 축축하고 더운 공기는 공부의 효율을 떨어뜨리고, 방문을 열어놓으면 거실의 소음이 그대로 들어와 공부에 방해가 된다. 그러니 필요하다면 가습기와 공기청정기를 사용하거나 소형 에어컨을 공부방에 따로 두는 것이 좋다.

계절에 따라 책상의 위치를 바꾸자

　책상을 비롯해 모든 가구는 벽을 따라 배치한다. 특히 책상은 환기가 잘되고 밝은 곳에 두어야 한다는 생각 때문에 창가에 두는 경우가 많은데, 겨울이 되면 창가에서 들어오는 찬바람 때문에 한쪽 어깨만 춥다거나 손이 시린 경우가 많다. 가장 효과적인 것은 계절에 따라 책상의 위치를 바꾸는 것이다. 공부방의 구조를 바꾸면 기분 전환이 되고 구석구석의 먼지를 청소할 수 있어 좋다.

　책장을 따로 두고 작은 접이식 책상을 사용하며 공부할 때만 방 한가운데 펼쳐놓고 사용하는 것도 괜찮다. 책상이 지저분해지는 것을 막고, 작은 책상 위에 놓인 것에만 집중할 수 있으며, 공부가 끝나면 책과 함께 책상도 정리해버리니 말끔하다.

의자는 바퀴가 없는 것으로

의자 자체만 본다면 바퀴가 있는 것이 편리하겠지만 공부를 할 때는 의자 바퀴가 장애물이 된다. 아이들이 의자에 앉아 흔들흔들 장난을 치는가 하면 바로 옆 책장에 책을 가지러 갈 때도 의자를 끌고 다닌다. 의자를 뒤로 죽 빼고 그대로 엎드려 자는 등 바른 자세에도 도움이 되지 않는다.

바퀴 없는 의자는 넣고 뺄 때 바닥에 자국이 난다며 싫어하는 엄마들도 있는데 그것은 의자 발에 커버를 씌워 해결하면 된다.

간식을 책상에 두지 말자

아이가 조용히 공부를 잘하고 있어도 엄마들은 가만히 있질 못한다. 과일이며 간식을 한 접시 챙겨 건강음료와 함께 책상에 올려둔다. 그 핑계로 아이가 공부를 잘하고 있는지 들여다보고 싶은 마음도 있을 것이다.

하지만 책상에 간식이 있으면 아이는 공부에 집중하지 못한다. 우선 엄마가 들어오는 순간, 공부의 흐름이 깨진다. 공부란 만화책 보는 것과 달라서 간식을 집어 먹으며 할 수 있는 게 아니다. 간식을 먹다가 흘리거나 손에 묻으면 그걸 닦느라 또 산만해진다.

중학생들의 공부가 몇 시간씩 꼼짝도 못할 정도로 빡빡한 것은 아니다. 즉 공부 중에 무언가를 먹어야 할 만큼 긴박한 상황이 아니라는 거다. 그러니 아이가 공부를 하러 들어가면 "공부하다 목마르고 출출해지면 나오너라" 하고, 아이가 간식을 원하면 거실에서 먹고 들어가도록 하자.

컴퓨터는 책상과 멀어야 한다

아이의 공부방은 사무실이 아니다. 그러니 컴퓨터, 전화기, 프린터 등 각종 전자기기들은 책상과 분리하는 것이 좋다. 전자기기는 사용하지 않아도 엄청난 전자파가 나오기 때문에 숙면에도 방해가 된다. 특히 모니터와 키보드가 책상의 대부분을 차지하고 있으면 당장 정리해야 한다.

컴퓨터는 거실이나 아빠 서재에 두자. 아이들은 "요즘 숙제는 다 인터넷에서 찾아서 하고, 시험 범위나 수업 시간에 쓰는 유인물을 출력하려면 컴퓨터가 있어야 한다"며 항변할 것이다. 하지만 인터넷 검색을 해야 하는 숙제가 매일 있는 것도 아니고, 시험 범위나 수업 시간에 필요한 유인물은 학교에서 다 나누어준다. 집에서 유인물을 프린트하는 것은 본인이 잊어버렸기 때문이다. 수업 자료는 스스로 잘 챙기면 될 일이다.

자주 보는 책은 잘 보이는 곳에 꽂자

책상에 책장이 붙어 있다면 정리에 신경 써야 한다. 책 사이에

액자, 연필꽂이 등을 두어서 책 한 권을 뽑으면 옆에 있는 물건을 다시 놓아야 하는 등 번거로운 일들이 벌어지기 때문이다.

참고서, 문제집, 교과서 등 자주 보는 책들은 앉아서 손을 뻗으면 바로 닿을 수 있는 곳에 두어야 한다. 만화책, 소설 등 쉴 때 보는 책은 공부하는 책과 함께 꽂지 말고 공부 중 시야에 들어오지 않는 곳에 두자.

책상을 보면 앉고 싶은 마음이 드는가?

그 어떤 조건보다 중요한 것은 아이가 공부방을 좋아해야 한다는 것이다. 방문을 열면 들어가고 싶고 책상을 보면 앉아서 뭐라도 하고 싶은 마음이 들어야 한다.

정서적인 연관성도 매우 중요하다. 아이를 혼낼 일이 있다면 아이 방이 아닌 안방으로 데려가 혼내고, 아이의 책상에는 상쾌한 향기가 나는 허브 화분을 두든지 엄마 손으로 적은 쪽지를 두어서 아이의 마음이 학습 환경과 밀접해질 수 있도록 지혜를 짜보자.

자기 전에 책상을 정리하세요

책상은 곧 이사라도 갈 듯 항상 말끔해야 한다. 그래야 무언가 시작하고 싶어지기 때문이다. 공부할 것만 꺼내서 공부를 하고, 다 마친 후에는 다시 제자리에 두어야 한다. 하다 말고 다른 공붓거리를 꺼내서 겹겹이 쌓아놓고 공부하는 습관은 좋지 않다. 특히 자기 전에는 책상 정리를 하도록 지도하자. 책상 정리를 하다 보면 내일 공부할 것을 미리 생각하게 되고, 정리하면서 그날 공부한 것도 떠오르므로 하루를 마감하기에 아주 좋다.

28
방 청소, 책상 정리 어디까지 해줘야 할까?

> 사춘기 아이들의 방과 책상은 녀석들의 뇌만큼이나 정신이 없다. 늘 엄마가 치워주는데도 아이들은 '내 방', '내 책상'이라며 건드리지 못하게 한다. 서운하겠지만 엄마는 아이의 이러한 변화에 적응해야 한다. 아이들이 싫어하는 건 청소 자체가 아니라 청소하는 엄마의 잔소리라는 점을 유념해 다툼이 생기지 않도록 하자.

아이에게 '내 방', '내 책상'은 자신만의 우주다

아이들은 엄마랑 싸우다 화가 나면 방문을 걸어 잠근다. 아무도 방해하지 않는 나만의 세계, 아이들에게 '내 방'은 그런 의미의 공간이다. 그 방에서도 책상은 조금 더 고차원적이다. 생각이 머무는 곳이기 때문이다. 엄마가 보기에는 아무렇게나 책이 널브러져 있고 유인물이 구겨져 있는 등 난장판으로 보이지만 그걸 깔끔하게 치웠다가는 아이에게 한소리 듣는다. 엄마가 치워놓아서 뭐가 어디에 있는지 하나도 모르겠다는 것이 이유다.

"그 난장판 속에서 뭘 찾을 수나 있니?"

"당연하지. 도덕 문제집 옆에 유인물을 같이 뒀었는데 어디다 치웠어?"

"도덕 유인물인지는 잘 모르겠고, 구겨진 종이 몇 장 있는 거 버렸는데?"

"그걸 왜 버려!"

"볼 거면 잘 놨어야지. 다 구겨져 있어서 버리는 건 줄 알았지."

난장판 같은 책상은 아이들의 정신없는 뇌를 반영한다. 아이들은 그중에 나름의 규칙을 정하고 뭐가 어디 있는지 생생히 기억한다. 그러니 방에 들어갈 때는 문이 열려 있어도 노크를 하고, 아무리 지저분해도 책상은 건드리지 않는 게 좋다.

청소 규칙을 정하자

그럼 청소는 어떻게 할까? 아이들은 청소는 안 하면서 깨끗한 건 좋아한다. 엄마의 상식으로는 방구석에 처박혀 있는 티셔츠는 빨랫감이지만 아이는 다음 날 체육 시간에 입으려고 던져놓은 것일 수 있다. 엄마가 그걸 세탁기에 넣으면 다음 날 아침에 전쟁이 벌어진다. 아이는 자기 방 청소를 대신 해주는 엄마한테 짜증을 내면서 다시는 내 방 청소하지 말라고 소리를 지른다. 청소로 빚어지는 잔소리와 간섭이 싫어서다. 엄마가 무슨 가사 도우미도 아니고, 애들하고 싸워가면서까지 방을 치워줄 필요는 없다. 조금 냉정해지자.

"빨래는 세탁기 옆에 있는 빨래통에 넣어놔. 엄마가 네 방 뒤져서 찾아내지 않을 거니까. 거기 안 담겨 있으면 교복이든 체육복이든 그냥 더러운 거 입고 학교 가는 거야. 알았지?"

이렇게 규칙을 정하는 게 좋다.

침대 시트, 이불 같은 건 어떻게 할까? 아이가 학교 간 사이에 요정이 왔다 간 듯 화사한 것으로 바꿔놓을까? 아이가 즐거워한다면 다행이지만 내 방에 손을 댔다고 싫어할 수도 있다. 침대 밑에 연예인 브로마이드를 숨겨놓거나 만화책이나 성인 잡지 등을 보관하는 아이들은 더 민감할 수밖에 없다. 그렇다면 스스로 시트나 이불을 가져오게 하고 새것을 건네며 스스로 깔라고 하자.

해주려면 꾸준히, 잔소리 없이 하자

그래도 엄마들은 찜찜하다. 청소를 하면서 그 방만 놔두고 한다는 게 썩 내키지 않기 때문이다. 먼지가 아이 입 속으로 다 들어갈 게 뻔한데 어떻게 그냥 두겠는가.

아이들도 학교 다녀와서 깨끗한 방에 들어가는 걸 좋아한다.

가끔 엄마가 버리지 말아야 할 걸 버리고 빨지 말아야 할 걸 빨기는 하지만 그래도 감사한 마음은 품는다. 단지 잔소리가 싫을 뿐이다. "네 방은 네가 청소해"라고 말하면 아이들은 알았다고 해놓고 청소를 하지 않는다. 그러면 또 엄마 속만 터진다. 엄마가 청소의 대가로 "넌 왜 옷을 한곳에 걸어두지 못하고 여기저기 벗어 놓니?" 하면서 잔소리를 늘어놓기 시작한다면 아이들은 또다시 방문을 걸어 잠글 것이다. 잔소리보다 더러운 방을 택하는 것이다(사실 아이들 눈에는 별로 더러워 보이지 않는다).

아이 방을 청소해야 속이 시원하다면 청소하자. 대신 잔소리 없이 일관성 있게 밀고 나가야 한다. 아이가 청소하지 말라고 해도 못 들은 척하고 그다음 날도 청소를 하면 된다. 그럼 며칠 못 가 아이가 지게 되어 있다. 아이는 엄마가 버릴지도 모르는 유인물을 알아서 잘 챙길 것이고, 엄마가 세탁기에 넣어버릴지 모르는 옷들에 대해서는 '엄마, 노랑색 티셔츠 빨지 마세요'라고 메시지라도 남길 것이다.

CASE 과외 선생님께 청소 지도 부탁했어요

중2 딸을 키우는 엄마입니다. 우리 딸은 책상 위에 먼지가 허옇게 쌓였는데도 걸레질 한번 하지 않습니다. 한동안은 제가 청소를 해주었는데 다 큰 아이의 방 청소를 매번 해주는 게 영 내키지 않아 그만두었어요. 그래도 일주일에 두 번 과외 선생님 오시는 날은 신경이 쓰이더군요. 아이나 선생님의 상황에 따라 공부하는 일정이 바뀌기도 해서 그날만 청소를 하는 것도 어려웠어요.

고민 끝에 과외 선생님께 양해를 구했습니다. 이러저러해서 아이 방이 지저분하다고요. 엄마 대신 잔소리를 해달라고 부탁도 드렸습니다. 그랬더니 선생님이 현명한 방법을 쓰시더군요. 잔소리는 물론 선생님이 오기 전까지 방 청소며 책상 걸레질까지 싹 해놓으라고 숙제를 내주시는 겁니다. 청소가 안 되어 있으면 청소를 마칠 때까지 공부를 시작하지 않을 것이고, 그만큼 끝나는 시간도 늦어진다고요.

아이는 어쩔 수 없이 일주일에 두 번 방 청소를 하게 됐어요. 선생님이 청소와 책상 정리를 하면서 공부 준비를 하게 된다며 그 의도를 설명해주시더군요. 아이가 좋아하는 선생님이라 가능했던 것 같아요.

믿을 만한 선생님이 집에 오신다면 부탁해보세요. 아이들을 많이 다뤄보셔서 효과적인 방법을 많이 알고 계신 것 같습니다.

29
이놈의 스마트폰, 어떻게 할까?

하루 종일 스마트폰에 매달려 있는 아이들을 보면 속이 뒤집어진다. 아이들도 스마트폰을 절제해야 한다는 것을 알지만 생각만큼 잘되지 않아 스스로도 답답해한다. 스마트폰이 이미 생활 속으로 들어온 이상 무조건 금지할 수는 없다. 관리할 수 있는 방법을 알려주고 실천을 돕자.

공부에만 방해되는가, 생활에도 방해되는가

엄마들은 아이들이 스마트폰을 가만히 책가방 속에 넣어놨다가 꼭 필요할 때만 잠깐 쓰고 다시 가방에 넣어두기를 바란다. 하지만 아이들에게 스마트폰은 단순한 전화기가 아니다. 그 안에 세상이 있고 친구가 있고 음악이 있으며 자신의 욕구와 휴식도 들어 있다. 그래서 거실에 커다란 TV를 두고도 스마트폰을 붙들고 앉아 드라마를 보고, 배터리가 없으면 숨이 끊어질 듯 다급해하는 것이다. 이처럼 소중한 스마트폰이기 때문에 말다툼을 하다가 스마트폰을 집어 던진다거나 일방적으로 스마트폰을 해지하는 것은 아이의 자아를 공격하는 것과 다를 바 없다.

스마트폰이 공부에 방해가 되는 것은 특별한 문제가 아니다. 꼭 스마트폰이 아니라도 잡생각이나 컴퓨터 등 공부에 방해되는 것은 수도 없이 많다. 공부가 하기 싫고 안 되는 것이 문제지, 스마트폰이 근본적인 문제는 아닌 것이다.

하지만 스마트폰 사용이 생활을 방해할 정도에 이르렀다면 심각하게 생각해야 한다. 이것은 특별히 청소년에게 한정된 문제가 아니다. 문자메시지를 보내다가 계단에서 굴러 떨어지거나, 밥상 앞에서 스마트폰 게임을 하느라 한 시간이 넘게 밥을 먹는다거나 다른 취미, 친구, 오락거리도 없이 스마트폰에만 온통 빠져 있는 생활이 수개월 지속되고 있다면 내면에 문젯거리가 있는 거다.

생활에 방해되는 정도가 아니라면 조절과 관리로 스마트폰 문제를 해결할 수 있다. 청소년들의 두뇌는 완전하지 않다는 사실을 다시 한 번 상기하자. 충동적이며 조절 능력이 부족하다. 스마트폰뿐만 아니라 말과 행동도 통제하지 못하는 아이들 아닌가. 한 호흡 가다듬고 아이들을 다시 바라보자.

스마트폰을 탓하지 말고 효과적인 공부법을 찾자

스마트폰이 공부에 방해되는 경우는 크게 두 가지다. 공부 중에 벨이 울려서 공부의 흐름이 깨지는 경우와, 공부하다 심심해서 그냥 스마트폰을 들여다보는 경우다.

공부가 잘되고 있었다면 바로 스마트폰을 끄거나 무음으로 벨소리 설정을 바꾸면 된다. 공부가 잘되고 있으니 괜히 스마트폰을 들여다보지도 않는다. 문제는 공부가 안 되는 경우다. 겨우 책을 들여다보기 시작했는데 벨이 울리면 고마울 지경이다. 스팸 문자도 반갑다. 혹시 내가 모르는 메시지가 와 있지 않을까 싶어 괜히 스마트폰을 들여다보기도 한다.

스마트폰이 공부를 방해하지 않게 하려면 공부가 안 되어서 스마트폰으로 손이 가는 일을 줄여야 한다. 공부 시간이 길고 언제 끝날지 모르며 딱히 할 공부도 마땅치 않을 때 아이들은 스마트폰을 찾는다(스마트폰을 압수당했다면 연습장에 낙서라도 하면서 논다). 따라서 스마트폰을 포함한 모든 방해요소가 끼어들 여지를 차단하려면 공부 분량을 명확히 하고, 공부 시간 또한 그 공부에 필요한 만큼으로 정해야 한다.

아이들에게 "지금부터 10분 동안 수학 문제 다섯 개를 풉니다. 10분만큼은 완전히 집중하세요. 그동안 스마트폰을 안 볼 수 있죠?"라고 물으면 누구나 할 수 있다고 답한다. 그리고 실제로 공부를 시켜보면 집중해서 공부를 잘한다. 하지만 "수학 문제 다섯 개를 푸세요. 다 풀면 자유롭게 집에 가도 좋습니다"라고 공부 시간을 열어두면 두어 문제 풀고는 스마트폰을 만지작거리거나 친구들과 노닥거린다. 일찍 끝내면 일찍 간다는 것을 알면서도 말이다.

따라서 한 시간 동안 공부를 한다면 10~20분 단위로 공부 분량을 나누고 자주 쉬며 의식적으로 스마트폰을 사용하게 하는 것이 좋다. 한 시간 동안 15분짜리 공부를 네 번 한다면 스마트폰을 네 번 보게 되는 거다. 고작 한 시간 공부하면서 스마트폰을 네 번 보는 것은 상당히 많은 횟수지만 의식적으로 시간을 구분해 스마트폰을 사용했기 때문에 공부에는 전혀 방해되지 않는다.

이렇게 하지 않고 공부하다 심심할 때 스마트폰을 본다면 단 한 번이라 해도 공부에 방해가 된다.

스마트폰보다 재밌는 게 많아야 한다

아이들이 스마트폰에 빠져 산다고 하지만 사실 딱히 그것 말고는 할 게 없다. 친구들끼리 음료수 내기 축구 시합을 하는 날은 아이들도 스마트폰을 던져두고 공차기에 바쁘다. 추리소설에 푹 빠진 아이는 책 읽는 동안은 스마트폰이 울려도 크게 신경 쓰지 않는다.

즉 아이들이 엄마와 함께 있는 시간은 함께 놀 친구도 없고 특별한 놀 거리도 없는 시간이다. 그러니 스마트폰을 꺼낼 수밖에 없고, 그런 아이가 엄마 눈에는 수시로 스마트폰을 들여다보는 것처럼 보이는 것이다. 오죽 놀 게 없으면 기계랑 놀까. 한편으로 생각하면 아이들이 불쌍하다.

부모가 도울 수 있는 범위 안에서 되도록 다양한 재밋거리를 만들어주자. 영화도 보고 박람회도 다니며 맛있는 것도 만들어 먹자. 신나게 즐길 수 있는 운동이나 악기가 있다면 참 좋겠다. 어릴 때부터 꾸준히 배워온 예체능이 있다면 이럴 때 활용하자. 그러나 이도 저도 아니라면 그냥 한숨 푹 자는 게 낫다. 자는 동안 뇌도 자라고 키도 자라니까.

안 쓰는 핸드폰을 전자사전, 알람 등 학습용으로 사용하세요

공부 중에는 핸드폰을 사용하지 않는 것이 바람직하지만, 전자사전이나 알람 등 공부에 필요한 기능 때문에 핸드폰을 끌 수 없는 경우가 많다. 어른들도 종이사전이나 알람시계, 계산기 등을 따로 사용하지 않기 때문에 아이들에게 핸드폰을 사용하지 말라고 억지를 부릴 수 없는 것이다. 이때 유용한 것이 안 쓰는 핸드폰이다. 집마다 안 쓰는 핸드폰이 한두 개씩 돌아다닐 것이다. 그 핸드폰을 공부할 때 사용하게 하자. 개통되지 않은 폰으로도 전자사전, 알람시계, 계산기 같은 기능은 얼마든지 사용할 수 있으니 아예 책상에 올려두고 '학습용'으로 쓰자.

30
아이에게 맞는 시간 관리법

> 시간 관리를 잘하는 방법은 '나에게 맞는 시간 관리'를 하는 것이다. 그것은 '내가 실천할 수 있는 시간 관리'를 의미한다. 아이의 24시간 중에서 취침, 학교 수업, 학원 수강, 식사, 휴식 시간을 뺀 나머지 시간은 얼마나 될까? 내가 쓸 수 있는 시간을 의식하고 그 시간을 효과적으로 사용하도록 가르치자.

내일 하루를 어떻게 지내게 될지 예상해보자

내일은 무슨 요일인가? 수업이 끝나면 집에 몇 시에 돌아오는가? 학원에서 보낼 시간은 얼마나 되는가? 잠은 언제쯤 자게 될까? 내일 하루를 예상하며 아이의 의지대로 사용할 수 있는 '내 시간'을 체크하게 하자.

그 시간에 뭘 할지는 아직 생각하지 말자. 시간을 의식적으로 사용하는 감각을 기르는 것만으로도 충분하다. 시간 관리의 시작은 시간을 의식하며 생활하는 것이므로 처음 일주일 동안은 내가 쓸 수 있는 시간을 찾아보는 연습을 반복한다.

날짜		3월 16일 월요일	
시각	분	내 시간 체크	내용
16	:00~:30	V	
	:30~:00	V	
17	:00~:30	V	
	:30~:00	V	
18	:00~:30		영
	:30~:00		어
19	:00~:30		과
	:30~:00		외
20	:00~:30	V	
	:30~:00	V	
21	:00~:30	V	
	:30~:00	V	
22	:00~:30	V	
	:30~:00	V	
23	:00~:30	V	
	:30~:00	V	

내일 꼭 써야 하는 시간들을 기록한다

숙제, 식사, 텔레비전, 인터넷 등 일상에서 아이가 늘 하던 행동들이 있을 것이다. 빠지지 않고 보는 드라마나 오락 프로그램이 있다면 그것도 고려해야 한다. 모든 생활을 억제하고 공부만 하는

날짜	3월 16일 월요일		
시각	분	내 시간 체크	내용
16	:00~:30	V	집에 오는 길에 책 반납
	:30~:00	V	휴식 / 인터넷
17	:00~:30	V	
	:30~:00	V	
18	:00~:30		영
	:30~:00		어
19	:00~:30		과
	:30~:00		외
20	:00~:30	V	저녁 식사
	:30~:00	V	
21	:00~:30	V	영어 숙제
	:30~:00	V	영어 숙제
22	:00~:30	V	드라마
	:30~:00	V	드라마
23	:00~:30	V	인터넷
	:30~:00	V	

것은 올바른 시간 관리가 아니다.

계획은 미래(내일)의 행동을 먼저 정하는 것이다. 아이와 함께 내일의 시간을 예상하며 늘 쓰던 시간들을 언제 얼마나 소비하면 좋을지 생각해보자. 이 단계에서도 아직 추가 계획은 세울 필요가 없다. 일주일 정도 반복하며 꼭 해야 할 일들을 어느 시간에 배치할지 연습하면 된다.

시간을 정했으면 그 시간에 실천을 해보자. 습관이 되지 않아 아무 때나 텔레비전을 켜기도 하고 인터넷을 정해진 시간 이상으로 하기도 하겠지만 자연스러운 시행착오다. 시간을 알려주고 행동을 조절하도록 지도하자. 같은 행동이 반복된다면 아이를 탓할 것이 아니라 시간 배치를 조정해야 한다.

실천 가능한 학습 계획을 세운다

드디어 학습 계획을 세울 차례다. 그렇더라도 마음이 앞서는 것은 위험하다. 우선 지금 아이가 하고 있는 학원, 과외, 인터넷 강의 등의 학습을 100% 활용한다. 학원, 과외 등의 수업이 끝나면 복습하는 시간을 계획한다. 이렇게 실천하는 것이 비용과 시간, 기억, 지식의 활용 면에서 모두 효율적이다. 이 실천을 일주일 이상 반복해 몸에 익히도록 하자.

공부 계획은 하나부터 시작해 1~2주 정도 실천해보자. 어느 정도 익숙해지면 추가 학습 계획을 고려하자. 그래야 장기적으로 흔

틀림 없이 공부할 수 있다.

날짜	3월 16일 월요일		
시각	분	내 시간 체크	내용
16	:00~:30	V	집에 오는 길에 책 반납
	:30~:00	V	휴식 / 인터넷
17	:00~:30	V	수학 문제집
	:30~:00	V	
18	:00~:30		영
	:30~:00		어
19	:00~:30		과
	:30~:00		외
20	:00~:30	V	저녁 식사
	:30~:00	V	과외 복습
21	:00~:30	V	영어 숙제
	:30~:00	V	영어 숙제
22	:00~:30	V	드라마
	:30~:00	V	드라마
23	:00~:30	V	인터넷
	:30~:00	V	

꼼꼼한 시간 체크는 아이의 성향에 따라 다르다

시간 체크표를 주고 시간 사용 상태를 표시해보라고 하면 어떤 아이는 물 만난 고기마냥 색깔 구분까지 하며 적지만 어떤 아이는 대충 생각나는 것만 몇 개 써놓고 만다. 구체적으로 시간을 나누고 인식하며 사용하는 것은 누구에게나 필요한 일이지만, 모든 아이에게 같은 강도와 방법으로 적용할 수는 없다.

아이가 알림장이며 다이어리 정리 등을 매우 꼼꼼하게 하는 편인가(부작용으로 계획 세우는 데만 긴 시간을 소비할 수도 있다)? 그렇다면 스스로 정한 시간표에 따라 행동하기를 가르치자. 생각대로 행동한다는 게 얼마나 어려운지 경험해봐야 살아 있는 계획표를 만들 수 있다.

반대로, 아이가 계획은 대충 머릿속에 넣어두고 행동을 먼저 하는 편인가? 그렇다면 하루 일과를 모두 마친 후 빈 시간표에 그날의 일을 기록하라고 하자(계획표를 먼저 쓰라고 하면 미확정된 내용을 써야 한다는 사실에 스트레스를 받는다). 머릿속의 계획대로 이루어졌는지, 생각보다 시간이 더 걸리거나 덜 걸린 것은 없었는지 점검해보는 것이다. 그렇게 해야 머릿속의 계획이 조금 더 똘똘해진다.

31
점수와 돈에 대한 바른 태도를 가르치자

> 돈과 점수는 그 속성이 비슷하다. 돈에 대해 바른 생각을 갖지 못한 어른들이 돈에 쫓기며 욕심에 휘둘리고 추접스러운 인생을 살듯이, 점수에 대해 바른 생각을 갖지 못한 아이들은 점수에 쫓기며 욕심에 휘둘리고 추접스러운 청소년기를 보낸다. 돈과 점수에 대한 바른 태도를 철저하게 가르치자.

아이들의 점수는 어른들의 돈과 같다

돈과 성적의 공통점은 다음과 같다.
- 숫자 몇 개로 천국과 지옥을 오간다.
- 꿈을 위한 것인지 욕심을 위한 것인지 헷갈릴 때가 있다.
- 성취감과 보람의 지표가 된다.

- 주변 사람들과 비교하게 된다.
- 자존심이 걸린 문제다.
- 더러워서 때려치우고 싶을 때가 한두 번이 아니다.

돈과 점수의 속성은 비슷하다. 성적에 당장 먹고사는 문제가 걸려 있지 않다는 점을 빼면 미래를 위해 필요하고, 불안과 스트레스의 근원이며, 숫자로 사람의 가치를 가늠하게 된다는 점이 같다. 어른들이 돈이 떨어지면 비참하고 자존심이 상하듯 아이들은 성적이 떨어지면 비참하고 자존심이 상한다.

부모의 월급날 아이가 이렇게 말한다고 생각해보자.

"엄마, 아빠 통장 좀 가져와보세요."

"……."

"이걸 월급이라고 받아온 거예요? 이래가지고는 어림도 없어요. 더 열심히 하세요. 내일부터는 한 시간 일찍 일어나서 아침에 영어 공부하세요. 옆집 아저씨처럼 월급 더 많이 주는 큰 회사로 옮겨야지요."

어디서 많이 들어본 말 같지 않은가. 성적으로 아이를 판단하고 협박하는 것은 아무리 객관적인 근거가 있다고 해도 비인간적이다.

평화로웠던 초등 시절이 지나고 점수 전쟁판에 뛰어든 중1. 점수에 벌벌 떠는 아이로 키우고 싶지 않다면 부모가 먼저 그런 태도를 보여야 한다. 그것은 부모가 돈에 대한 바른 생각을 갖는 것과 같은 의미다.

성실히 일한 보람과 행복이 더 중요하며, 돈은 부수적으로 따라오는 것이라고 생각하는가? 그렇다면 자녀에게도 그렇게 가르치자. 열심히 공부한 보람과 행복이 더 중요하며, 점수는 부수적으로 따라오는 것이라고. 물론 흔들릴 때도 있을 것이다. 욕심도 생기고 남과 비교하게도 되니까. 아이들도 그렇다. 그때마다 다시 바른 생각을 심어주자. 노력은 정직한 것이며 욕심으로는 아무것도 얻을 수 없다고. 이렇게 아이를 키우며 엄마도 성장한다.

돈에 대해 철저히 가르치자

만약 누군가 당신에게 징역 1년 정도 살 짓을 저지르면 10억 원을 주겠다고 하면 어떻게 하겠는가? '에이, 그건 아니지' 싶으면서도 10억 원이라는 액수에 마음이 끌리기는 할 것이다. 평생 벌어도 못 모을 돈 아닌가. 그에 비해 징역 1년은 눈 딱 감고 지나갈 수 있을 듯한 시간이다. 그래도 이 책의 독자들 중에는 10억 원 때문에 그런 짓을 할 사람이 없을 것이라 믿는다. 내 아이 잘 키우겠다고 책까지 사서 보는 사람들이니까.

청소년들은 뭐라고 대답할까? 놀랍게도 절반에 가까운 44%가 10억 원을 준다면 징역 1년 정도 살 짓을 저지를 수 있다고 대답했다. 아이들이 이렇게 돈에 환장해 있다니 무서운 일이다.

"제 볼펜이 자꾸 없어져서 볼펜심에 저만 알아볼 수 있을 만큼

작게 이름을 써놓았어요. 그러다 친구 필통에서 제 볼펜을 발견한 거예요. 선생님께 말씀드렸더니 선생님이 '지금까지 가져간 볼펜 다 돌려주라'고 해서 거의 다 찾았어요."

"애들이 빌려간 돈을 갚지 않아요. 그냥 버티다 넘어가려고 하는 것 같아요. 그래서 저도 이젠 돈 안 갖고 다녀요. 필요하면 친구한테 빌리고 다음 날 갚아요. 그게 편해요."

"우리 아빠는 술 마시면 기억을 잘 못하거든요. 가끔 술 마시고 새벽에 들어와서 소파에서 주무실 때가 있는데 그때 지갑에서 만 원짜리 한 장 빼도 잘 몰라요."

모두 중1 아이들 입에서 나온 말이다. 부모는 이런 아이들에게 무엇을 가르쳐야 할까?

생활 속에서 돈 문제에 부딪힐 때마다 우리는 욕심을 부려서는 안 된다는 것, 지금 내가 가진 것에 감사할 줄 알아야 한다는 것, 내 돈이 소중하듯 남의 돈도 소중하다는 것, 있는 만큼 쓰고 없으면 안 쓸 줄도 알아야 한다는 것, 남의 돈을 빌리는 것은 매우 절박한 상황에서만 해야 한다는 것 등 돈에 대한 바른 태도를 가르쳐야 한다.

돈에 대한 교육은 무서울 만큼 철저해야 한다. 그것이 곧 욕심을 다스리는 법과 절제를 가르치는 교육이기 때문이다.

 **아이에게 용돈의 주도권을 주세요**

중1 딸아이를 키우는 엄마입니다. 초등학교 때까지는 용돈을 따로 주지 않고 필요할 때마다 조금씩 줬어요. 중학교 입학 후에도 얼마간은 그렇게 했는데, 교통비며 매점에서 간식 사 먹을 돈 등 일상적으로 필요한 돈이 있더라고요.

그래서 꼭 필요한 만큼만 용돈을 줬습니다. 그래도 당장 필요한 준비물이나 친구 생일 선물, 자주 구멍 나는 스타킹 등을 사야 할 돈은 따로 주는 일이 많았습니다. 그래서 용돈을 넉넉히 주기로 했어요. 자유롭게 쓰고 남은 돈은 저축을 하든지 맛있는 걸 사 먹든지 알아서 하라고 했지요. 꼭 필요한 돈은 더 주지만 함부로 써서 부족한 돈은 더 주지 않는다고 못을 박았습니다. 아이는 굉장히 좋아했어요. 돈이 필요할 때마다 엄마에게 말하는 것이 불편하고 미안했겠지요. 처음에는 감이 없는 것 같더니 금방 적응해서 친구 생일 선물을 사기 위해 평소 매점을 덜 간다든지 하면서 지출을 줄이는 요령을 터득하고 있습니다. 용돈이 바닥을 보일 때는 걸어다니거나 구멍 난 스타킹에 풀칠을 해서 며칠 더 버티기도 해요. 조금 더 지켜보다가 핸드폰 요금도 스스로 내게 할 생각입니다. 관리하는 항목이 많아지면 그만큼 돈에 대해 더 배울 수 있다고 생각해요. 아이마다 차이가 있겠지만 제 딸에게는 아주 좋은 방법이었습니다. 다른 엄마들에게도 강추해요.

부모는 아이가 무엇이든 꿈을 정해서 매진하기를 바라지만 불가능한 요구다. 내가 어떤 사람인지도 모르고 뭘 좋아하는지도 모르는데 어찌 딱 하나의 꿈을 정할 수 있겠는가. 중1들은 대부분 혼란 속에서 사춘기를 지내기에 꿈에 대한 생각도 일관적이지 못하다. 아이에게 꿈을 가지라고 다그치지 말자. 또 아이 입에서 걱정스러운 장래 희망이 나온다면 그저 지켜보자. 왜 그걸 하고 싶어 하는지 마음을 들여다보고 하고 싶다는 열정으로 무엇이든 배울 수 있도록 기다려주자.

Part 5

중학교 3년이 풍요로워지는 진로·진학 가이드

32

"꿈을 몰라요"에 숨은
아이들의 속마음

> 중학생이 되면 아이들은 더 이상 꿈을 말하지 않는다. 초등학교 때 철없이 내뱉었던 꿈을 이루려면 엄청난 노력이 필요하다는 것을 알기 때문이다. 또한 사춘기 특유의 무기력과 산만함의 영향으로 뭔가 간절히 하고 싶은 게 없는 것도 사실이다. 그런 마음을 아이들은 '꿈을 모른다'는 대답으로 숨기며 혼란 속에 미래를 탐색한다. 그러니 어서 꿈을 정하라고 다그치지 말자. 꿈은 언제든 바뀔 수 있다는 열린 생각을 해야 한다.

수시로 바뀐다

생각이 단순하던 초등학교 때는 무엇이든 하고 싶은 게 떠오르면 주저하지 않고 엄마에게 말했다. 하지만 중학생이 된 후에는

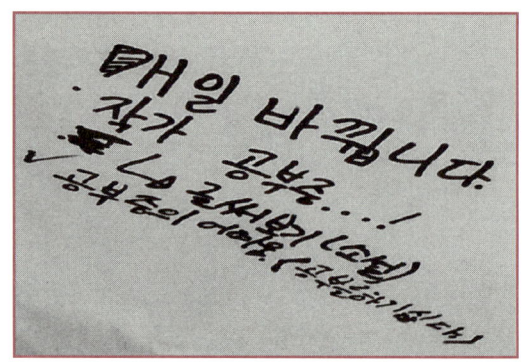

꿈에 대한 특강 중 중1 학생이 적은 내용. 그나마 작가를 1순위로 적기는 했으나 작가라는 꿈을 위해 지금 할 수 있는 게 공부밖에 없다는 현실에 힘이 빠진다고 한다. 공부는 하기 싫고, 공부를 잘하면 작가가 되는지도 의심스럽단다. 아이들 입장에서는 꿈이 무엇이든 결국 지금 해야 할 것은 공부인데 왜 꼭 지금 꿈을 정해야 하는지 모를 일이다.

꿈이 뭐냐고 물어도 모른다는 대답뿐 속마음을 드러내지 않는다. "너 파일럿 되고 싶어 했잖아"라고 물으면 "무슨 옛날 얘길 하고 그래" 하면서 다시는 그런 얘기를 꺼내지 말라는 투다.

아이들이 꿈을 모른다고 대답하는 것은 꿈이 없다는 뜻이 아니라 꿈이 너무 많아서 뭐라고 대답해야 할지 모른다는 뜻이다. 좋아 보이는 것도 많고 하고 싶은 것도 많지만 그중에서도 1순위는 수시로 바뀐다. 그러니 모른다는 답을 할 수밖에.

어른들은 무엇이든 꿈을 정해서 매진하기를 바라지만 불가능한 요구다. 내가 어떤 사람인지도 모르고 뭘 좋아하는지도 모르는데 어찌 딱 하나의 꿈을 정할 수 있겠는가. 설사 꿈을 정해도 얼마 지나지 않아 더 좋은 게 생기면 어떡하란 말인가.

어떤 분야에 특출난 재능을 보여 일찌감치 그쪽 길을 선택하는 아이들도 있지만 지극히 드문 경우다. 대부분은 혼란 속에서 사춘기를 지내기에 꿈에 대한 생각도 일관적이지 못하다.

꿈, 있지만 비밀이다

여러 가지 꿈 후보들 중 꽤 오랫동안 아이의 마음을 끄는 녀석이 하나 있을 수도 있다. 그 꿈에 대해 인터넷 검색을 해보는 것은 물론 은근슬쩍 친구들의 생각을 떠보기도 했을 것이다. 하지만 아이들은 꿈이 무엇인지는 명확히 말하지 않는다. 이유는 두 가지다. 첫째는, 그 꿈을 말했을 때 아래와 같은 반응을 보일까 봐 두렵기 때문이다.

"야, 그거 돈 별로 못 벌어."
"네 성적으로?"
"너 소질도 없잖아."
"그새 또 바뀌었냐?"

아이들은 꿈을 꾸는 낭만을 즐긴다. 꿈을 이루었을 때의 모습을 상상하며 즐거워한다. 그 소중한 꿈꾸기에 객관적이고 직설적인 비판이 날아들면 더 이상 꿈꾸는 즐거움을 누릴 수 없다. 아이들은 그게 싫은 것이다. 성적이 한참 부족하고 꿈을 이루는 길이 요원하다는 걸 스스로도 알지만 그걸 남에게서 들으면 비참해진다. 기분이 잡쳐서 더 이상 꿈꾸기도 싫어진다.

둘째, 그토록 비밀스러운 그 꿈도 오래가지 못할 것임을 직감하기 때문이다. 언제 또 시들해지고 바뀔지 모르니 그냥 입을 다문다. 그래서 할 수 있는 답은 '몰라'뿐이다.

자녀가 꿈을 말하지 않는다면 아이가 꿈을 말했을 때 부모의 태도가 어땠는지 되돌아볼 일이다. 이성의 뇌는 어른들이 나을지 모르지만 감정의 뇌는 청소년들이 훨씬 민감하다. 자신의 꿈을 말했을 때 엄마나 아빠가 "그래, 그것도 괜찮네"라는 말을 해도 순간적인 눈빛과 표정에서 '그거 별로다'라는 마음이 느껴지면 아이들은 입을 다문다. 마음에도 없는 격려는 아이들이 원하지 않는다.

무언가 생각하고 있는 것 같기는 한데 엄마에게 말하지 않는다고 서운해하지 말자. 충분히 자기만의 꿈꾸기를 즐길 수 있도록 두자. 시간이 지나 꿈이 깊어지면 자연스럽게 드러날 것이고, 그 전에 사라지면 그만이다.

나중 일을 지금 어떻게 알아?

논리적이고 꼼꼼한 아이들은 정답이 아닌 것을 말하길 꺼린다. 문제를 풀 때도 스스로 정답이라고 확신할 때까지 생각을 거듭하며, 끝까지 답이 생각나지 않아 어쩔 수 없이 찍어야 하는 상황이 되어도 무엇을 찍을지 고민이 많다.

꿈을 정할 때도 마찬가지다. 미래에 내가 무엇이 될지 확실하지 않은데 어떻게 그걸 꿈이라고 말할 수 있느냐고 생각한다. 이런 아이들에게는 꿈이라는 추상적인 단어보다 목표나 계획이라는 표현을 쓰는 것이 낫다. 손에 잡히지도 않는 수십 년 후의 일 말고, 오늘 내가 해야 할 공부와 다음 주에 있을 시험에 집중하는 게 유리하다.

굳이 꿈을 꾸게 하고 싶다면 '뭐 하면서 살까'보다 '이런 가치를 우선으로 살고 싶다'거나 '사람들에게서 ○○한 사람이라는 평가를 받고 싶다' 하는 식으로 내 인생의 모습을 그려보라고 하자. 나 자신을 꿈꾸는 것이다. 삶의 가치와 희망하는 평가는 직업이나 전공과 상관없는 인생의 기본 자세에 해당하므로 아이에게도 거부감이 없다.

> **"너는 꿈도 없느냐"고 다그치지 마세요**
>
> 꿈이 뭐냐는 질문에 아이들이 쌩하니 "몰라" 하며 대화를 끊어버리면 엄마는 자존심이 상한다. 어느 집이나 그 "몰라"라는 대답 뒤에 이어지는 엄마의 잔소리는 놀랍도록 유사하다.
> "넌 꿈도 없니? 그 꿈을 꼭 이루라는 게 아니잖아. 확실하지 않아도 꿈이 있어야 노력도 하는 거지. 사람이 살다 보면 꿈이 바뀔 수도 있어. 법대 나와서 가수 하는 사람도 있고, 치과 의사 하다가 식당 차리는 사람도 있잖아. 그럼 또 그 꿈을 향해 가면 되는 거야. 그냥 모른다고 해놓고 아무 생각 없이 살면 되겠어?"

아이들은 이 말에 동의하지 못한다. 언제 바뀔지 모르는 꿈을 꿈이라고 정해놓는다고 해서 그 꿈을 향한 노력이 될 리도 없으며, 꿈이 바뀌어서 다른 꿈을 정한다고 해도 영혼 없기는 마찬가지기 때문이다. 아이들은 이렇게 말한다.

"엄마는 내가 아무 생각 없이 멍하게 사는 줄 아는데요, 전혀 아니에요. 생각이 많아서 머리가 터질 것 같다니까요. 확실한 꿈이 있으면 얼마나 좋겠어요. 저도 이런 상황이 답답하고 싫어요."

어른들도 하루만 청소년의 혼란스러운 전두엽을 체험해본다면 그 심정을 알 것이다.

꿈을 정하라고 다그치지 말자. 꿈은 잔소리를 한다고 정할 수 있는 것이 아니다. 꿈은 실체가 없을 수도 있으며, 인생 전체를 통해 서서히 완성되는 것이라고 범위를 넓혀주자. 공부, 시간, 잠…… 안 그래도 쫓기는 게 많아 불쌍한 아이들인데 꿈꾸는 것까지 쫓겨서야 되겠는가.

33
꿈과 직업의 차이를 알게 하자

> 희망 직업은 미래의 한 부분이 될 수는 있지만 아이의 인생 전체를 아우르는 '꿈'이 될 수는 없다. 나는 어떤 사람이 되고 싶은지 내 인생의 소중한 가치를 생각하게 하자. 직업을 찾는 노력은 그 큰 흐름 안에서 수행해야 한다는 점을 부모가 먼저 깨달아야 한다.

직업은 인생의 목적이 될 수 없다

아이들은 꿈과 희망직업을 혼돈한다.

아이들에게 꿈을 물으면 상당수는 모른다는 반응을 보이고 대답을 하는 아이들도 드라마 작가, 영어 선생님 같은 '희망하는 직업'을 이야기한다. 희망 직업은 미래의 한 부분이 될 수는 있지만 아이의 인생 전체를 아우르는 꿈이 될 수는 없다. 아이들이 꿈을 모른다고 하는 것은 어떻게 이루어질지 모르는 삶의 막연함 때문이 아닐까? 그렇다면 꿈을 묻는 대신 희망 직업이 뭐냐고 묻는 것이 수월하다.

그래도 직업은 먹고사는 수단에 불과하다. 시대의 흐름에 따라 사람들의 인정을 더 받고 덜 받는 직업이 있지만 그 직업을 얻는 것을 인생의 목적으로 삼을 수는 없다는 말이다.

| 한국의 시대별 대표 직업의 변천 |

연대	대표 직업
1950년대	물장수, 얼음장수, 전차 운전사, 은행원, 교사, 전화교환원, 군인, 경찰, 단순노무자, 간호사, 숯쟁이, 굴뚝 청소원, 라디오 조립원 등
1960년대	전차 운전사, 고물장수, TV 조립원, 회사원, 타이피스트, 스튜어디스(에어걸), 은행원, 공무원, 공장 근로자, 탤런트 등
1970년대	공작기계 제조원, 전당포 업자, 건설현장 노동자, 버스 안내양, 대기업 직원, 금융계 종사자 등
1980년대	워드프로세서 조작원, 컴퓨터 프로그래머, 반도체 제조원, 백댄서, 컴퓨터 조립원, 연예인, 광고 기획자, 카피라이터, 프로듀서, 통역사, 속기사, 운동선수 등
1990년대 이후	외환 딜러, 선물거래사, 펀드매니저, 웹마스터, 웹디자이너, 인터넷 방송 기획자, 전자상거래 전문가, 벤처기업가, 운동선수 등

과거 우리나라의 대표적 직업을 보면 시대상을 읽을 수 있다.

1970년대에는 버스 안내양이나 건설현장 노동자가 인기 많은 직업이었다. 당시에는 그 직업을 꿈으로 여긴 청소년들도 많았을 것이다. 1980년대에는 워드프로세서 조작원이 아주 인기가 많았다. 개인용 컴퓨터가 보급되기 전이라 컴퓨터라는 기계를 만질 수 있는 사람들은 모두 고급 인력 대우를 받았고, 워드프로세서를 조작하는 일은 아무나 할 수 있는 일이 아니었다. 그러나 빌 게이츠라는 혁신가가 나타나고 책상마다 컴퓨터가 올라앉으면서 워드프로세서 조작을 누구나 할 수 있게 되었다. 그러면서 워드프로세서 조작원이라는 직업이 없어졌고, 그 직업을 꿈꾸던 사람들은 다른 직업을 찾아야 했다.

이렇게 사람들이 선호하는 직업은 시대에 따라 변한다. 기술이 발달하고 사람들의 인식이 변하면서 없어지는 직업이 있는가 하면 새로 생겨나는 직업도 있다. 공장 근로자처럼 과거에는 모두가 선망하는 직업이었지만 시대가 변하면서 인기가 없어진 직업도 있다.

변하는 게 세상뿐인가. 아이의 생각도 변한다. 초등학교 때는 스튜어디스가 되고 싶다고 했다가, 중학생이 되니 고고학자에 흥미가 생겨서 사학과에 진학하는데, 정작 졸업 후에는 유통회사에 취직하는 일도 부지기수다. 유통업에서 전문가로 활동한다고 해서 끝이 아니다. 직장을 옮길 수도 있고, 사고로 직업을 잃을 수도 있으며, 퇴직 후에는 또 다른 일거리를 찾아야 한다.

직업이란 생계유지의 수단이며, 언제라도 바뀔 수 있는 것이다. 그렇기에 희망 직업을 나열하는 것만으로는 꿈을 완성할 수 없다. 인생을 포괄하는 꿈에는 내가 소중히 여기는 가치가 담겨야 하며, 직업을 찾는 노력은 그 흐름 안에서 해야 할 노력임을 아이에게 알려주자.

삶의 가치를 고민하게 하자

꿈을 꾸는 것은 자신의 가치관을 정립해나가는 것과 같다. "네 가치관은 뭐니?"라고 물었을 때 단번에 대답할 수 있는 청소년이 몇이나 있을까? 어른들도 쉽게 대답하지 못한다. 한 번도 생각해보지 않았거나, 생각하다 그만두었거나, 먹고사느라 그런 생각을 할 겨를이 없었을 것이다. 아이들이 지금부터 자신의 가치관을 고민하지 않으면 우리 어른들처럼 그냥 살아지는 대로 살게 된다.

적당히 좋은 삶은 먹고사는 문제를 해결하는 것으로 충분하지만 위대한 삶을 이루기 위해서는 가치관이 필요하다. 이제 막 중학생이 된 아이들이 꿈꾸어야 하는 삶은 위대한 삶이다. 해고될 염려 없는 안정된 직장에 머무르는 것을 꿈으로 삼아서는 안 된다는 말이다. 가치관은 어느 날 갑자기 생기는 것이 아니므로 내 삶이 어떤 방향으로 나아가야 할지를 늘 염두에 두고 가꾸어나가야 한다.

아이들에게 가치관을 묻는 질문이 딱딱하고 어렵다면 아이가 좋아하는 단어를 생각해보는 방법은 어떨까? '나는 뭘 하는 사람이 될까'가 직업에 대한 고민이라면, '나는 어떤 사람이 될까' 혹은 '나는 어떻게 사는 사람이 될까'는 가치에 대한 고민이다. 그래서 답이 명사형으로 똑 떨어질 수 없다. 아무리 단순해도 '착한 사람'이나 '존경받는 사람'처럼 형용사로 답을 해야 한다. 이런 대답을 한 아이는 '착한', '존경받는'이라는 가치를 높게 평가한 것이다. 부모가 도움을 주어 '착한'이라는 단어를 조금 더 구체적으로 '다른 사람을 도와주는'이나 '친절한' 등으로 표현하게 하면 더 좋다. 그렇게 아이가 어떤 의도로 '착한'이라는 단어를 골랐는지를 파악해야 한다.

직업과 가치의 연결

예를 들어, 아이가 '존경받는 사람'이 되기를 원한다면 직업이 무엇이든 그런 삶을 사는 게 꿈을 이루는 삶이다. 그것이 그 아이가 생각하는 성공이다. 대통령이든 유엔 총장이든 아무리 훌륭한 직업을 거쳤더라도 존경받지 못한다면 꿈을 이룬 게 아닌거다. 존경받는 사람이 되려거든 지금부터 존경받는 삶을 실천해야 한다. 공부든 인성이든 친구들에게 인정받도록 노력해야 하며, 후배들에게는 따르고 싶은 선배라는 평을 듣도록 해야 한다. 그렇게 꿈은 지금부터 이루어가는 것이다.

직업은 흥미와 적성, 학과 선택 등 여러 가지를 고려해 선택하면 된다. 그래서 영어 선생님이 되기로 결정했다면 그냥 월급 받는 선생님 말고 존경받는 선생님이 되기 위해 애를 써야 한다. 영어 선생님을 하다가 관광 가이드나 번역가로 직업을 바꿀 수도 있다. 직업이 바뀌어도 '존경받는 사람'이라는 가치관은 변함이 없다. 존경받는 가이드가 되고 존경받는 번역가가 된다면 아이는 자기다운 성공을 이루는 것이다.

이렇게 꿈과 직업을 구분하고 연결하게 해주자. 희망 직업은 떠오르는 대로 여러 가지를 나열하게 하고 꿈은 가치를 나타내는 단어를 통해 구체적으로 표현하게 하자.

'나는 어떤 사람이 될까?' 단어 카드를 활용해 가치 탐색하기

아이들에게 좋아하는 단어를 써보라고 하면 쉽게 펜을 들지 못한다. 평소 자주 쓰는 단어가 몇 개 되지 않고 내 인생의 가치를 담을 만한 의미를 가진 단어가 무엇일지 알지 못하기 때문이다. 잠시 고민할 시간을 준 후 여러 단어들 중에 고르게 하면 훨씬 수월하다.

단어 카드의 예

정직	명예	성실	신중	평화
친절	감사	공평	약속	열정
행복	현명함	믿음	양심	재미
용기	겸손	이해심	자신감	기쁨
배려	사랑	보람	예의	의리
책임	봉사	결단	평정	건강
유머	인내	모험	배움	센스
성장	끈기	우정	절약	재치
원칙	긍정	경청	자유	리더십
지혜	감동			

단어 카드들 중에서 골라도 좋고, 좋아하는 단어가 없다면 새로 써넣어도 좋다. 처음부터 단 하나를 고르게 하는 것보다 10개를 먼저 고르고 그다음 5개로 간추린 후 다시 2~3개로 줄여나가자. 단어를 골랐다면 희망 직업과 연결해 '나는 재치 있는 드라마작가가 될 것이다' 식의 문장을 써보게 하자. 희망 직업이 분명하지 않다면 자신의 이름을 넣어 '나는 지혜로운 삶을 사는 김강우가 될 것이다'라고 인생 목표를 표현해보는 것도 좋다.

34
아이가 소질 없는 분야를
하고 싶다고 하면 어떻게 할까?

> 아이들 입에서 걱정스러운 장래 희망이 나온다면 그저 지켜보자. 왜 그걸 하고 싶어 하는지 마음을 들여다보고 하고 싶다는 열정으로 무엇이든 배울 수 있도록 기다려주자. 일시적인 유행이나 욕심에 휘둘려 품은 꿈은 오래가지 못한다. 부모의 잔소리는 고집만 더 키울 뿐이니 스스로 깨달을 수 있도록 충분한 기회를 주는 게 낫다.

그냥 반대하고 싶은 것 아닌가

아이가 의사나 외교관이 되고 싶다고 하면 소질을 따져가며 걱정하는 부모는 없다. "그래, 넌 분명히 할 수 있을 거야. 쉽게 이루어지는 꿈은 없지만 그래도 노력하면 안 될 게 어디 있니?" 하며 격려한다. '아이가 소질 없는 분야를 하고 싶어 한다'는 걱정을 하고 있다면 아이의 꿈에 반대하기 위해 그 이유로 소질을 꼽은 것은 아닌지 생각해볼 일이다.

꿈을 이루는 데 소질이 그토록 중요한가? 그렇다면 판사나 의사가 된다고 했을 때도 그 직업을 수행하기에 내 아이의 소질이 충분한지 심각하게 고민해야 한다. 그렇지 않다면 솔직히, '그냥 싫은' 것이다.

왜 그걸 하고 싶어 할까

연예인이 되고 싶어 하는 중학생이 있다. 어느 대학교 연극영화과에 가겠노라며 책상 앞에 그 학교 사진까지 붙여놓고 연예인 지망생 카페에 가입하는 등 나름 진지하다. 하지만 엄마는 말도 안 된다며 콧방귀다. 숫기가 없어 사람들 앞에서 노래 한 곡도 제대로 못 부르면서 무슨 연예인이 된다고 그러느냐고 쏘아붙인다. 아이도 지지 않는다. 수줍음 많이 타는 연예인이 얼마나 많은지 아느냐고, 꼭 나서서 뭘 해야만 하는 건 아니라고 말이다.

이쯤 되면 엄마도 소질만 가지고 아이를 설득할 수 없다. 아이가 왜 연예인이 되고 싶어 하는지 생각해봐야 한다. 청소년에게 연예인이란 십수 년 인생을 통해 봐온 직업 중 가장 완전한 직업이다. 탁월한 외모와 끼, 완벽함, 돈과 명성…… 주변에서 늘 보던 부모나 선생님과는 차원이 다른 삶을 사는 사람들이다. 연예인은 아이들이 원하는 것을 모두 가진 완전체나 다름없다. 멋지게 보이고 싶은 욕구, 인정받고 싶은 욕구, 박수받고 싶은 욕구, 돈에 쪼들리고 싶지 않은 욕구 등 연예인이라는 꿈에는 이 모든 욕구를 해소하고 싶은 아이들의 마음이 담겨 있다. 그래서 '꿈'이다.

어른들은 연예인을 직업으로 보지만 아이들은 이상향으로 본다. 그러니 소질 어쩌구 하며 심각하게 대응하지 말자. 학년이 올라가고 생각이 커지면 나의 욕구를 해결해줄 다양한 직업들이 있음을 알게 될 것이며, 내 욕구만 채워서는 가치 있는 인생을 살 수 없다는 것도 깨닫게 된다.

무엇이든 충분히 빠지도록 두자

엄마들은 그래도 걱정이다. 연예인 된답시고 공부 안 하면 어쩌느냐는 것이 이유다. 그런데 아이들은 원래 공부 잘 안 한다. 공부하는 양은 평소와 비슷한데도 엄마들은 그놈의 연예인 타령 때문에 공부를 안 한다고 생각한다. 공부 잘하던 아이가 갑자기 연예인이 된다며 공부를 안 하는 경우는 없으며, 만약 그렇다면 그 아이는 내면에 다른 문제가 있는 것일 뿐 연예인 때문에 공부를 안 하는 것은 아니다(근본적인 문제가 해결되지 않으면 연예인이 아니라도 게임이나 이성 친구 등 무언가에 마음을 빼앗길 수밖에 없다). 오히려 연극영화과에 가기 위해 이전보다 공부를 더 열심히 하는 순기능이 더 클 것이다.

연예인이든 무엇이든 '하고 싶다'는 마음이 든 것 자체가 굉장한 에너지가 생겼다는 의미다. 엄마가 보기에는 쓸데없어 보이지만 아이들은 연예인 지망생 카페에 가입해 다른 사람들의 생각을 읽고 학교에서 가르쳐주지 않는 무언가를 하나라도 배우려 노력한다. 엄마 몰래 오디션을 보러 기획사에 갈지도 모른다(대부분은 친구를 따라가거나 지원을 했더라도 분위기에 눌려 그냥 온다). 아이들은 그 진지함과 두근거림 속에서 꿈이란 장난이 아니라는 것을 경험한다. 그 속에서 아이들은 무언가를 배우며 큰다.

엄마도 사람이다. 싫은 건 싫은 거다. 연예인이 된다는 아이에게 차마 격려의 말이 안 나온다면 그냥 침묵하자.

소질이 중요한 분야라면 전문가의 의견을 듣자

시가코대학의 벤저민 블룸 교수가 정치, 문화, 음악, 스포츠, 과학 분야에서 세계적인 영향력이 있는 리더 200명을 골라 그들의 성공 원인을 분석했다. 분야를 막론하고 그들의 유일한 공통점은 '내가 하고 싶은 것을 했느냐'였다. 즉 '하고 싶다'는 것은 소질과 상관없이 엄청난 에너지를 낸다는 것이다. 선천적인 소질이 필요한 분야는 단 하나, 스포츠뿐이었다.

아이가 운동선수가 되기를 희망한다면 지도하는 선생님의 의견을 들어보자. 병원에 가서 해당 운동을 해도 무리가 없는 신체조건인지 검사도 해보아야 한다. 도저히 안 되겠다는 평가를 받는다면 엄마보다는 전문가에게서 아이가 직접 이야기를 듣는 편이 좋다.

그래도 울며불며 떼를 쓰면 어떻게 할까? 평발과 작은 키로 축구를 한 박지성 선수도 있지 않느냐고 나름의 논리를 세우면 어떻게 할까? 그렇다면 우선 지켜보자. 이상할 만큼 고집을 피운다면 그건 운동이 그토록 좋아서라기보다 사춘기의 외롭고 불안정한 마음이 운동에 집착하게 만들었을 가능성이 높다. 아니면, 운동을 하며 얻는 집중력과 상쾌함을 포기하기 싫어서인지도 모른다. 그런 아이들은 전공을 하지 않더라도 운동을 꾸준히 하는 게 좋다. 사춘기 아이들은 이렇게 흔들리며 미래를 열어간다.

하고 싶은 것을 즐겁게 하는 것은 중요하다. 꿈이라고 해서 꼭 전공을 하고 직업으로 이어가야만 하는 것은 아니라는 점을 알려주고, 네가 좋아하는 운동이니 돈벌이로 경쟁하며 스트레스 받는 것보다 평생 취미로 즐기는 게 더 행복하지 않겠느냐고 아이의 생각을 열어주자.

마음껏 하도록 두는 게 가장 효과적인 설득입니다

세 아이를 키우는 엄마입니다. 큰딸은 이제 대학생이 되었어요. 초등학교부터 고등학교까지 거치고 나니 아이들이 어떻게 자라는지 조금 알 것도 같아요.

큰딸은 유치원 선생님이 꿈이었어요. 그런데 고등학교 때 갑자기 모델이 되겠다고 했어요. 큰 키에 마른 체형이라 친구들이 모델하라는 말을 자주 했나 봐요. 그러다 학교 앞에서 기획사 매니저라는 사람에게 명함을 받은 후로는 뭐에 홀린 듯 모델이 되겠다고 날뛰었습니다. 저는 얼마나 겁이 났는지 몰라요. 애들 아빠를 동원해 온갖 설득을 다 했는데도 먹히지 않았습니다. 결국 기획사에 전화를 걸어 사무실에 같이 갔어요. 수시로 와서 워킹이며 포즈를 연습하고 배우라 하더군요. 아이는 그 후로 몇 번 가더니 그냥 시들해졌습니다. 부모가 아무리 설명해줘도 직접 경험해본 것만 못한 거죠. 지금은 원래의 꿈대로 유아교육과에 진학했습니다.

막내아들은 중학생이에요. 요리사들이 나오는 드라마를 한참 보더니 요리사가 되겠다고 하더군요. 평소에 떡볶이 같은 간식을 재미 삼아 만들기는 했지만 요리사까지는 생각하지 못했습니다. 그러다 말겠지 싶어 그냥 두었지요. 그런데 계속 요리사가 되겠다며 책을 사다 보고 요리학원에 등록을 해달라고 조르는 거예요. 첫째, 둘째 키우던 노하우로 셋째 아이에게는 어떤 잔소리도 하지 않았습니다. 그냥 요리학원에 데리고 갔어요. 양식 자격증을 따겠다며 큰소리를 치면서 방학 내내 학원을 다니더니 개학과 함께 그만두었습니다. 피곤하기도 하고 자격증을 따기 위해 연습을 반복해야 하는 게 별로였던 모양이에요. 취업을 준비하는 성인들이 많았으니 학원 분위기도 진지했겠지요.

아이들이 생뚱맞은 꿈을 말한다고 해도 크게 걱정하지 마세요. 무엇이든 마음껏 하도록 두는 게 가장 좋은 방법이에요. 직접 현실에 부딪치고 나면 스스로 생각을 정리해요. 괜히 이 말 저 말 해봤자 싸움만 납니다.

35
꿈에 대한 간절함이 없는 아이들

> 풍족함은 게으름과 연결된다. 어려서부터 먹고 싶은 것, 하고 싶은 것, 갖고 싶은 것에 부족함을 느끼지 못한 아이들은 어떤 것에 대해서도 간절함이 없다. 불편한 것, 필요한 것, 아쉬운 것이 동기를 만들어내며 그것이 꿈과 연결된다는 점을 기억하자. 아이의 성공을 위한다면 조금은 부족한 듯 키우는 것이 좋다.

왜 하고 싶은 것이 없을까?

가능성이 없어 보이는 걸 하겠다고 날뛰는 녀석들이 있는가 하면, 하고 싶은 것도 되고 싶은 것도 없다는 아이들도 있다. 그 무기력함을 지켜보는 부모 마음은 불안하고 안타깝다. 혹시 동기부여가 될 만한 경험이 부족해서인가 싶어 이것저것 시켜보지만 처음에만 반짝 관심을 보일 뿐 또다시 원점이다. 왜 그럴까?

전문가들은 풍족한 생활을 하는 아이들에게는 동기부여가 어렵다고 한다. 말만 하면 무엇이든 다 사주고 원하는 대로 해주는 양육자 밑에서 자랐기 때문에 무언가를 얻기 위해서 간절히 바라거나 노력을 하지 않는다는 것이다.

부족함 없이 키우기 위해 자녀도 적게 낳고 아이가 원한다면 즉시 들어줄 만반의 준비가 되어 있는 요즘 부모들. 그러한 완벽함이 오히려 아이들을 멍하게 만들어버린 것이다.

부족함이 간절함을 만든다

아이의 어린 시절을 떠올려보자. 자전거나 인라인스케이트를 아이가 사달라고 조를 때까지 기다렸다가 사준 부모는 거의 없다. 또래 아이가 타는 걸 보고는 어린이날이나 아이 생일, 그도 아니면 그냥 퇴근길에 '알아서' 사가지고 들어갔을 것이다. 아이는 갑작스러운 선물에 신이 나긴 했겠지만 타고 싶다는 마음이 생기기 전에 탈 것이 생겨버렸으니 당연히 자주 안 타게 되고, 더 잘 타려는 노력도 안 하며, 잊어버려도 찾을 생각을 하지 않는다.

공부방이 없는 아이는 학교 자습실에 내 자리가 생기면 집에 올 생각을 하지 않는다. 자습실을 최대한 활용하기 위해 머리를 쓸 것이고, 집중해서 공부를 하게 된다. 이렇게 무언가 부족해야 간절한 마음도 생기는 법이다.

세계 최고의 갑부인 빌 게이츠는 자녀들에게 일주일 용돈으로 1달러만 준다고 한다. 그가 아이들에게 이렇게 짠 용돈을 주는 이유는 부족하지 않으면 스스로 얻으려는 노력을 게을리 한다고 생각하기 때문이다.

혹시 다른 집 아이들에게 뒤지지 않게 하려고, 부모의 과시욕을 채우려고 아이들을 점점 성공에서 멀어지게 만들고 있는 건 아닌가? '자녀를 위해서'라고는 하지만 그 속에 이루지 못한 부모의 꿈이나 가난의 한, 괜한 열등감이 아이가 느낄 부족함을 더욱 견디지 못하게 만들었는지도 모른다. 아이가 성공한 삶을 살길 원한다면 조금은 부족한 듯 키우는 것이 좋다. 그것이 도리어 아이의 성공 의지를 지속적으로 자극할 것이다.

간절함이 능력을 만든다

미국의 교육학자 콜린스와 슈엘은 흥미와 호기심이 학습에 어떠한 영향을 미치는지 실험을 했다. 우선, 실험 대상인 학생들을 네 그룹으로 나누었다. A그룹은 독서 능력도 뛰어나고 야구에 관심이 많은 학생들이고, B그룹은 독서 능력은 뛰어나지만 야구에 관심이 없는 학생들, C그룹은 독서 능력은 낮지만 야구에 관심이 많은 학생들, D그룹은 독서 능력도 낮고 야구에 관심도 없는 학생들이었다.

이 학생들에게 야구 경기에 대한 글을 읽게 한 후 어떤 그룹이 내용을 가장 잘 기억하는지 비교했다. 가장 기억을 잘한 그룹은 당연히 A그룹이다. 그다음이 흥미로운데, A그룹 다음으로 뛰어난 기억력을 보인 아이들은 독서 능력이 뛰어난 B그룹이 아니라 야구에 흥미가 높은 C그룹이었다. C그룹의 결과는 A그룹과 거의 차이가 없었다. 이 정도면 흥미도가 곧 능력이라고 해도 과언이 아니다. 야구를 '좋아한다', '하고 싶다', '알고 싶다'는 간절함 앞에서는 낮은 독서 능력도 전혀 문제가 되지 않은 것이다.

스스로 부족함을 발견하고 해결하게 하자

어떤 분야에서든 성공하려면 탁월해야 한다. 탁월하기 위해서는 남다른 추진력과 실천 의지, 성취욕, 꾸준함 등이 필요하다. 이렇게 강력한 동기는 '알고 싶다', '되고 싶다', '얻고 싶다', '하고 싶다' 같은 간절함에서 비롯된다. 생활 속에서 무언가를 간절히 바라고 그것을 얻게 되었을 때의 짜릿함을 경험하게 해주자.

부모는 아이가 말하지 않아도 아이에게 무엇이 필요한지 미리 알 수 있다. 하지만 아주 불편하고 위험한 상황이 아니라면 기다리자. 아이가 스스로 무엇이 있으면 좋을지 파악하고 어려움을 경험한 후 부모에게 요청하게 하는 것이다. "교복 와이셔츠가 한 벌 더 있으면 좋겠어요", "창문에서 찬 공기가 들어와요. 책상 위치를 바꿔주세요" 아이가 이런 요구를 한다면 되도록 스스로 해결하게 하자. 교복 와이셔츠를 어디서 살 수 있는지, 가격은 얼마인지 스스로 알아보게 하고 엄마는 비용만 주고 알아서 사도록 해야 한다. 책상 위치를 바꾼다면 아이가 학교 간 사이에 후다닥 해치우지 말자. 어디로 어떻게 옮길지, 다른 가구는 어떻게 배치할지 등을 생각해보게 한 후 주말에 짐을 옮길 때 도움만 주면 된다.

 남들만큼 못해준다고 속상해하지 마세요

큰아이는 중학교 2학년이고 그 밑에 초등학생 아이가 둘 있습니다. 좁은 집이라 작은방은 부부가 쓰고 큰방은 세 아이가 함께 쓰고 있어요. 큰아이가 중학교에 가면서는 조용히 공부하고 편하게 옷 갈아입을 방을 하나 주면 얼마나 좋을까 늘 미안한 마음이었습니다. 공부도 숙제도 늘 거실에서 동생들과 부대껴가며 하거든요. 언젠가 아이에게 미안한 마음을 이야기했더니 아이는 괜찮다고 말했습니다. 짜증이 날 때도 있지만 오히려 동생들 없을 때 뭐든 빨리 하려고 하니까 친구들보다 시간 낭비를 안 하게 된다는 거예요. 동생들에게 책 읽어주고 공부 가르쳐주면서 배우는 것들도 많다고요. 동생들이 없었다면 책도 전혀 안 읽었을 거고, 중학교 공부가 초등학교 때 이미 다 배운 내용이라는 것도 몰랐을 거라고 합니다. 그날 아이 몰래 얼마나 울었는지 몰라요.
혹시 저처럼 남들만큼 해주지 못해서 아이에게 미안한 엄마들이 있다면 마음 놓으세요. 아이들은 부족한 상황에서 남들은 모르는 지혜를 터득합니다.

36
아이가 "대학에 꼭 가야 하느냐"고 묻는다면

아이가 대학에 꼭 가야 하느냐고 묻는다면 뭐라고 대답할 것인가? "어쨌든 대학은 나와야 해"라고 아이들을 몰아세울 수만은 없다. 부모가 먼저 깊이 생각하자. 부모 스스로도 납득이 될 만한 논리가 있어야 아이들과 대화를 이어갈 수 있다.

부모가 먼저 기준을 세우자

"엄마, 나 공부하기 싫어."
"그래도 해야 돼."
"왜?"
"좋은 대학 가야 하니까. 그래야 좋은 직장에 들어가지."
이렇게 가르쳐왔다면 부모도 문제가 크다. 이런 말을 들으며 자란 아이들은 공부에 힘이 없다. 공부를 해야 하는 이유가 너무도 빈약하기 때문이다. 공부하기가 싫어지면 "그놈의 대학 안 가면 그만"이라고 부모를 향해 으름장을 놓을 것이다. 아이가 대학에 가지 않고 자격증을 따거나 공무원 자격시험을 보겠다고 제법 야무진 항변을 한다면 뭐라고 대답할 것인가?

부모가 못 배워 한이 많건, 대학 못 나와 지금까지 무시당하며 살아왔건 그건 부모 사정이다. 그렇다면 야간대학이나 사이버대학이라도 가서 아이에게 열심히 공부하는 모습을 보이는 게 훨씬 교육적이다. 어쩌면 아이는 지금까지 부족함 없이 자라온 까닭에 대학까지 가서 공부를 할 만큼 궁금한 분야가 없을 수도 있다. 아이가 왜 대학을 필요 없다고 느끼는지, 공부하기가 힘들어 투정을 부리는 건 아닌지 아이의 마음을 살피자. 그리고 아이의 생각과 마음을 충분히 감싸줄 만큼 폭넓은 대답을 준비하자. 그전에 부모가 대학에 대한 바른 생각을 가지는 것이 필수다.

아이들의 고민은 제법 진중하다

공부하기 싫어 반항이나 투정을 부리는 것이라면 어떻게든 다독여보겠지만 나름 똘똘한 이유를 대며 대학을 가지 않겠다고 하면 어떻게 할까? "대학 공부는 언제라도 하고 싶을 때 하면 돼. 그러니 네가 원하는 대로 하거라"라고 말해줘야 할 경우도 있지만, 대부분은 아이들이 다양한 가능성을 생각하지 못하고 성급한 결론을 내리는 경우가 많다. 소영이의 사례를 참고해 내 아이에게 전해줄 말을 생각해보자.

소영이는 삼수 끝에 지방대 간호학과에 합격했다. 합격은 했지만 꼭 대학을 다녀야 하는지 확신이 없었다. 고등학교 시절 단기 선교로 잠비아에 다녀온 이후 소영이는 선교에 관심을 가졌다. 의사는 물론 간호사도 턱없이 부족한 선교 현장은 어느 대학을 나왔는지 따위가 중요하지 않았다. 공부 못한다고 무시받지 않는 곳, 소영이의 눈에는 그곳이 천국처럼 보였다. 하얀 이를 드러내며 웃는 잠비아의 꼬마들과 나중에 선교사가 되어 다시 돌아오겠다고 약속을 하고 선교사의 꿈을 꾸어왔다. 그런데 의료선교로 분야를 정하고 보니 선교 현장에서는 쓰지도 못할 어려운 공부가 과연 필요할지 회의가 들었다.

"선교지에서 필요한 건 특별한 의술이 아니잖아요. 영양제 주사나 상처 소독하는 일이 대부분인데 그걸 위해서 4년 동안 시간과 돈을 들여서 학교를 다녀야 한다는 게 좀 아까워요. 그 정도는 간호학원 같은 데서도 충분히 배울 수 있지 않을까요?"

소영이의 고민은 제법 진중하다. 내 아이가 이렇게 묻는다면 뭐라고 대답할 것인가.

지금 눈에 보이는 세상이 전부는 아니다

당장 필요한 것만 생각한다면 소영이 말대로 최소한의 자격증,

즉 간호학원만으로도 충분할 것이다. 소독약 바르는 일은 간호학원까지 갈 것도 없다. 하지만 병원이든 선교지든 의료 서비스가 필요한 사람들에게 탁월한 기여를 하길 원한다면, 그곳을 변화시키고 좀 더 나은 곳으로 만들기를 바란다면 기를 쓰고 배워야 한다. 그렇기에 이렇게 얘기해주면 좋다.

"글쎄, 과연 그럴까? 대학 공부는 물론 간호사로 근무한 경력도 필요할 것 같은데? 간호학뿐만 아니라 약학이나 행정학 같은 다양한 분야의 지식도 있어야 할 거야."

"왜요?"

"네가 다녀온 선교지에서는 할 수 있는 게 영양제 주사와 상처 소독밖에 없었겠지. 약도 없고 치료할 사람도 없었으니까. 그런데 그곳에 경험 많고 지식이 풍부한 의료 선교사가 투입된다면 어떨까? 다양한 약을 지원받을 수 있는 방법을 찾아보고 그 지역 사람들이 많이 걸리는 병의 원인을 탐색해서 예방약도 처방할 수 있지 않을까? 진료 순번을 정해서 환자들이 기다리는 시간을 줄이거나, 비슷한 증상을 보이는 사람들을 모아서 교육을 하는 등 실무적인 요령을 발휘할 수도 있을 거야."

체계를 철저히 습득해야 한다

이제 15년 남짓 살아온 아이들이 10년 후, 20년 후를 생각한다는 것은 쉬운 일이 아니다. 피터드러커경영대학원 심리학 교수인

미하이 칙센트미하이 교수는 창의적인 업적을 위해서는 체계를 철저히 습득해야 한다고 말한다.

"아무리 뛰어난 수학적 재능을 가진 아이라 해도 수학의 규칙을 배우지 않고는 수학에 공헌할 수 없다. 창의성을 발휘하고자 하는 사람은 창의적인 체계 안에서 움직이면서 그 체계를 자기 것으로 만들어야 한다. 다른 말로 하면, 영역의 규칙과 내용만이 아니라 현장이 선택하고 선호하는 기준에 대해서도 알아야 한다."

마찬가지로, 소영이가 아무리 간절하게 의료선교의 소망을 품고 있다고 해도 의학을 제대로 공부하지 않고는 의학은 물론 선교에도 공헌할 수 없을 것이다. 발명가인 제이콥 라비노는 전문 분야의 지식과 훈련을 강조한다.

"창의적인 사고를 하기 위해서는 많은 정보가 있어야 하죠. 만일 음악가라면 음악에 대해 많이 알아야 합니다. 음악을 듣고 기억하고, 필요하다면 따라 할 수 있어야 합니다. 이를테면, 사막 한 가운데서 태어나 생전 음악을 들어본 적이 없다면 베토벤처럼 될 수 없습니다. 새들의 노랫소리를 따라할 수는 있겠지만 전원교향곡을 쓸 수는 없겠지요."

아이의 꿈이 무엇이든 그 일을 시작하기에는 대학이 필요 없을지도 모른다. 하지만 더 깊이 알고, 그 분야에서 인정을 받고, 나아가 위대한 업적을 남기거나 그 분야의 발전에 공헌하려면, 즉 더 큰 사람이 되려면 반드시 체계를 철저히 습득할 필요가 있다. 대학이 바로 체계를 철저히 습득하기 위한 교육기관이다.

CASE 소영이의 이야기

삼수 끝에 합격을 하고도 대학을 꼭 다녀야 하는지 심란했는데 선생님의 말씀을 듣고 열심히 공부하기로 다짐했습니다. 대학을 꼭 가야 하는지 하는 고민은 중·고등학교 6년, 특히 삼수하는 내내 저를 따라다녔거든요. 의료선교사가 되겠다고 꿈을 정한 후에도 일찍 졸업하고 싶은 생각뿐이었지, 공부 열심히 해서 좋은 의료인이 되겠다고는 생각하지 않았어요. 조금 더 일찍 내가 왜 대학 공부를 해야 하는지 깨달았다면 좋았을 거예요. 더 좋은 대학에서 최고의 교수님과 수준 높은 동료들을 만나는 것이 저의 꿈을 위해서도 꼭 필요하다는 것을 삼수 후에야 알았습니다.

37

미리미리 고입 전략 1
목표 고등학교 정하기

> 고입이든 대입이든 입시 준비는 성적 나오는 거 보고 그때 가서 하는 게 아니다. 결정은 그때 나더라도 준비는 1학년 때부터 해야 한다. '적어도 어떤 고등학교들이 있으며, 어느 쪽에 관심이 있다' 정도는 생각해두자. 진학에 필요한 정보를 찾고 준비할 사항을 챙기는 것은 아이들에게만 맡겨둘 수 없다. 엄마가 먼저 내 아이와 잘 맞을 만한 학교를 찾아보자. 아이의 성적만이 아니라 학비, 등·하교 문제 등 현실적인 요소들도 고려해야 한다.

어떤 학교들이 있나

고등학교는 일반고, 특목고, 자사고, 자율고 등으로 나뉜다. 중학교 내신성적과 고입 선발고사(지역마다 차이가 있다)를 통해 인근

학교로 배정받아 가는 것이 일반고 진학이고, 그 외의 학교들은 지원자가 입학원서를 내고 면접을 보는 등 개별적으로 입시를 치러야 한다. 즉 목표 학교, 관심 학교를 정한다는 것은 일반고 외의 학교들 중에서 하나를 고르는 것을 말한다. 특목고, 자사고, 자율고의 입시는 일반고 입시보다 시기적으로 먼저 이루어져 불합격할 경우 일반고에 진학하게 된다.

특목고는 특수목적고등학교의 준말로 특정 분야에 재능을 가진 우수한 인재들을 교육하기 위해 설립된 고등학교다. 과학고, 영재고, 국제고, 외고(외국어고) 외에 예술고, 마이스터고도 특목고에 해당된다. 하지만 마이스터고는 실업계라는 인식이 있어 상위권 학생들이 선호하는 학교에서는 제외되고 있다.

특목고는 아니지만 높은 대학 진학률과 독자적인 커리큘럼으로 우수한 학생들이 몰리는 자사고(자율형 사립고등학교)도 엄마들의 관심이 높다. 상산고, 하나고, 민사고, 청운고, 포철고 등이 여기에 해당한다. 특목고는 학교 설립의 목적에 따라 외국어나 예체능·수학·과학 등에 특출한 소질 및 관심과 진로 계획을 가질 것을 요구하지만, 자사고는 각 학교의 교육 이념에 따라 봉사나 동아리 활동, 희망 수업 개설, 자율탐구활동 등이 강조될 뿐 특정 분야에 한정되지 않고 교육이 이루어진다. 고등학교 진학 후 다양한 진로를 탐색할 기회를 갖고 싶다면 특목고보다 자사고가 낫다.

학교의 특성과 아이의 적성을 고려하자

　공부를 좀 한다는 중학교 1학년들은 우선 외고를 꿈꾼다. 지역별로 분포해 있어 접근이 용이한 데다 그만큼 선발 인원도 많고 지역 제한이 있어 다른 지역의 학생들은 신경 쓰지 않아도 되기 때문이다. 반면 과학고나 영재고, 국제고, 자사고는 전국의 학생들과 경쟁해야 하니 부담스럽다. 아이들이 외고를 꿈꾸는 것은 자신이 외국어에 소질이 있다거나 향후 관련 분야를 전공하고 싶어서가 아니다. 그냥 좋은 학교에 가고 싶기 때문이다. 엄마들도 같은 마음이다.

　하지만 그랬다가는 아이의 성장에 도움이 안 되는 3년을 보낼 수도 있다. 외고에 진학하면 영어 외에 전공 외국어를 정해 3년 동안 공부해야 하며, 영어든 전공 언어든 외국어 수업 시간이 많고 그만큼 공부해야 할 분량도 많으며 원서로 수업이 진행되는 등 수준도 높다. 따라서 언어에 흥미가 없거나 관련 분야로 진출할 계획이 없다면 단지 좋은 학교에 다닌다는 이유만으로 3년을 버티기가 힘들다. 3년을 버티고 졸업은 하더라도 자신의 기량을 발휘하고 더 키워내기는 어렵다.

　한 학생은 자사고인 하나고를 선택했는데 그 이유를 자신의 성격과 연관시켰다. 자신은 개인주의 성향이 강해서 혼자 생각하고 행동하는 걸 좋아하는데 하나고는 수업이 일반고처럼 짜여 있지 않고 원하는 수업을 골라 들을 수 있기 때문이란다. 그 자율성이 자신의 성향과 맞을 거라고 생각했고, 실제로도 그랬다. 그 학생은 흥미가 높은 수업을 골라 들으며 깊이 있는 공부를 할 수 있었고, 3년 후에는 서울대에 진학했다.

고등학교 선택은 유명한 학교, 요즘 뜨는 학교로 하는 게 아니다. 고민을 거듭하다 보면 부모와 아이 모두 행복한 3년을 보낼 수 있을지에 대한 고민과 통한다. 학교의 운영 특성과 아이의 적성, 성향 등을 고려해야 하며 기숙사 생활 여부, 통학 거리와 방법 등 아이가 매일 겪게 될 일상을 예상해보아야 한다.

부모에게는 비용도 중요한 문제다. 학비뿐만 아니라 체험활동비, 방학 중 프로그램 수강료, 책값 등 실제로 드는 비용을 모두 따져보자.

무조건 가는 게 좋을까?

아이가 좋은 학교에 진학해 좋은 환경에서 우수한 친구들과 치열하게 경쟁하며 잘 커간다면 부모는 더 이상 바랄 것이 없다. 하지만 그렇지 못한 아이들도 많다. 우수한 아이들 틈바구니에서 아무리 노력해도 오르지 않는 성적에 자존심이 상하고 부모와 갈등이 심해지면서 공부도 생활도 포기해버리는 아이들도 많다. 그런 아이들은 수업 시간 내내 자거나, 음악에 빠져 3년을 보내기도 한다.

사는 지역에 외고가 없어 서울에 있는 외고에 진학했는데 주말마다 기차를 타고 먼 길을 오가야 하는 번거로움과 소수의 지방 학생들을 배려하지 않는 학사 일정, 도저히 따라잡을 수 없는 학업차를 견디지 못하고 결국 사는 지역의 일반고로 전학한 아이가 있는가 하면, 어려서부터 과학에 천재성을 보여 과학영재고에 진학했는데 취침, 기상, 식사, 과제 제출, 발표 자료 준비 등 모든 것을 스스로 해야 하는 시스템에 적응하지 못해 휴학을 하고 학기 중 부족한 공부를 보충하는 아이도 보았다.

　세상에 절대적으로 좋은 것은 없다. 아무리 좋은 학교라도 내 아이를 키워내지 못하면 독이 된다. 어디든 들어가기만 바랄 일이 아니다. 그 학교가 내 아이 인생에 꼭 필요한지, 어떤 영향을 줄지 충분히 생각해보자.

 몸 약한 아이, 기숙사 생활 안쓰러워 일반고 결심했어요

　우리 딸은 학원 한 번 다니지 않고도 중학교 3년 내내 전교 1등을 했습니다. 주변에서는 어느 고등학교에 보낼 거냐고 질문들이 많았지요. 담임선생님도 어느 학교든 성적은 충분하니 아이와 상의해보라고 말씀하셨어요. 좋은 고등학교에 합격하면 학교의 자랑도 되고 교장선생님은 물론 담임선생님도 기가 사는 일이라 은근히 기대하는 눈치였습니다.

아이와 학교 설명회도 다니고, 가보지 못한 학교는 홈페이지에 들어가 보았습니다. 아이는 국제고에 가고 싶어 하더군요. 하지만 저는 영 마음이 편하지 않았습니다. 국제고든 어디든 집과는 거리가 멀어 기숙사 생활을 하든지 집에서 떨어져 지내야 하는데, 몸도 약한 어린 딸을 일찍 떨어뜨리고 싶지 않았습니다. 주변 엄마들은 별걱정을 다 한다, 배부른 소리 한다고 난리였어요. 딸도 서운해하는 눈치였습니다. 하지만 몇 번을 다시 고민해도 제 생각이 달라지지 않았어요. 딸에게 다시 한 번 이야기했어요.
"고등학교 3년 지나고 대학생이 되면 그땐 너도 자유로워질 거야. 같이 산다고 해도 엄마 품에 있지는 않을 테니까. 엄마는 그게 3년밖에 안 남았다는 게 지금도 아쉬워. 그런데 그 3년마저 기숙사에 빼앗기고, 네가 매일 식판에 밥을 먹어야 한다니 마음에 걸린다. 잘한다는 애들 모여서 경쟁할 텐데 얼마나 힘이 들겠니. 일반고에 가서도 전교 1등 하고 좋은 대학 갈 수 있어. 엄마가 조금 더 따뜻한 밥 챙겨주고 아플 때 보살펴주고 싶구나."
딸은 더 이상 특목고 이야기를 꺼내지 않았습니다. 지금은 집 근처의 일반고등학교에 진학해서 잘 다니고 있어요. 꼭 특목고에 가야 좋은 건 아니라고 생각합니다. 아이들은 그저 학교 욕심에 현실적인 고려 없이 무조건 가겠다고 하는 경우도 많아요. 아이와 가족 모두를 위해 좋은 선택이 무엇인지 엄마가 잘 생각해서 알려주는 것도 현명한 방법이라고 생각해요.

38

미리미리 고입 전략 2
전형요강 살피기

> 입시는 현실이다. 매일 성실히 공부하고 누구나 인정하는 바른 인성을 가졌더라도 결국 중학교 3년 내내 입시에 필요한 요건을 준비하며 노력한 아이가 입시에 유리한 것이다. 그러니 목표로 하는 고등학교가 있다면 일찌감치 전형요강부터 찾아보자.

엄마는 최고의 입시 전문가다

엄마들은 입시에 겁을 낸다. 입학 정원이며 선발 방법, 점수 산정법 등이 뭔가 복잡하고 어려워 보이기 때문이다. 그래서 직접 알아보려 하지 않고 주변 엄마들의 말을 듣거나, 학교 선생님은 부담스러우니 친분이 있는 학원 원장님과 수다를 벌인다. 하지만 엄마가 직접 찾아보고 생각을 정리하는 것만큼 정확한 입시 정보는 없다.

아무것도 모르는 엄마가 찾아보는 것보다 입시 전문가들에게 묻는 것이 훨씬 낫지 않을까 싶지만 그렇지 않다. 전문가는 내 아이에 대해 아무것도 모르기 때문이다. 고입은 물론 대입 수시에서도 성적 외에 자기소개서나 학업계획서, 교사 추천서 같은 서류를 제출해야 한다. 그 안에 담긴 노력의 진정성과 성장 과정, 앞으로의 가능성을 보고 싶기 때문이다. 그 내용을 어찌 전문가가 채워 줄 수 있겠는가. 전문가의 도움을 받더라도 칼자루는 엄마와 아이가 쥐고 있어야 한다.

아이를 좋은 고등학교에 보내려는 중1 엄마라면 아이의 관심 분야를 고려해 지금부터 3년간 어느 쪽에 노력을 쏟아야 할지 큰 그림을 그릴 수 있어야 한다. 내 아이에게 필요한 최고의 입시 전문가는 엄마다. 명심하자.

'자기주도학습 전형'이란?

학교별 전형요강을 살피다 보면 '자기주도학습 전형'이라는 말이 빠지지 않고 나온다. 자기주도학습 전형은 그동안 특목고의 학생 선발 방식이 과도한 사교육의 원인이 되어온 점을 반성해 학생의 잠재력과 자기주도학습 능력 키우기에 적합하도록 개선한 전형 방식이다. 외국어고·국제고·과학고 등의 특목고와 일부 자사고는 모두 자기주도학습 전형으로 학생을 선발한다. 중학교 교과과정으로 준비할 수 없는 외국어 인증시험이나 수상 실적 등은 반영되지 않으며, 학교별 필기고사가 금지된다. 면접 또한 학습 및 진로 계획, 전공에 대한 의지, 봉사 및 체험활동, 독서활동 등 자기주도학습 역량을 중심으로 평가하며 중학교 교육과정에 포함되지 않은 지식을 묻는 구술면접이나 영어면접도 금지된다.

자기주도학습 전형을 실시하는 학교들의 전형요강을 보면 유의 사항에 '영어 등 각종 인증시험 점수, 경시대회 입상 실적 및 영재교육원 수료 여부 등을 기재할 수 없음'을 명시하고 있다. 이에 대한 간접적 혹은 우회적인 표현도 금지하고 있다. 만약 기재하면 감점되거나 0점 처리하는 학교도 있다.

즉 자기주도학습 전형은 중학교에 다니며 본 중간·기말고사 점수와 학교생활기록부의 내용, 면접으로 학생들을 선발하는 것이다. 면접 또한 지원자가 제출한 자기소개서와 학업계획서 등의 내용을 바탕으로 이루어지므로 중학교 3년을 알차게 보내는 것이 무엇보다 중요하다.

지원 자격과 전형 방법을 먼저 보자

우리 아이에게 맞는 학교를 정하려면 우선 관심 있는 학교들의 홈페이지를 방문해야 한다. '입학 안내' 메뉴에 들어가면 올해 신입생을 뽑을 때 적용한 입학전형과 제출 서류 등을 다운받을 수 있다. 모니터로 휙휙 보는 것으로는 부족하며, 모두 출력해서 제대로 살펴야 한다.

전형요강은 제법 양도 많고 설명도 많은데 그중 가장 먼저 확인할 것은 지원 자격과 전형 방법이다. 중학교 졸업 예정자라면 지원 자격에서 벗어나는 경우는 없지만, 지역 제한이나 아이에게 조금 더 유리한 조건을 발견할 수도 있기 때문이다. 예를 들어 자녀가 셋 이상인 다자녀 가정의 자녀는 사회다양성 전형 중 하나에 해당하므로 일반전형의 높은 경쟁률을 피할 수 있다.

지원 자격을 대략 살펴보았다면 전형 방법으로 넘어간다. 선발 절차와 기준이 나와 있으므로 눈을 크게 뜨고 살펴야 한다. 대원외고와 하나고의 전형 방법을 예로 살펴보자.

대원외고는 외고의 특성에 맞게 영어 내신성적과 출결 사항만으로 1단계 전형을 한다. 즉 영어 내신성적이 나쁘면 면접관 얼굴도 못 본다는 말이다. 배점도 높아서 200점 만점 중 영어 내신성적이 160점을 차지하고, 면접은 40점이다. 출결 사항을 보기는 하지만 무단결석 등 특별한 감점 사유만 없으면 된다. 그러니 외고를 목표로 한다면 중간·기말고사의 영어 성적은 물론 영어 수행평가, 태도 점수 등 영어 점수라면 모두 만점을 받는 것이 중요하다. 다행히도 2~3학년의 영어 점수만 반영하니 1학년은 연습 기간으로 보낼 수 있다.

하나고는 어떨까? 자사고인 하나고는 외고와 달리 전 과목 성적을 반영한다. 1학년 성적도 반영하는데, 1학년 2학기부터 성적이 들어간다. 1학년 성적을 모두 제외한 대원외고와 차이가 난다.

| 전형 방법 예시 1 : 대원외고 |

가. 자기주도학습 전형 절차

영어 내신성적 + 출결 [1단계] ➡ 1단계 성적 + 면접 [2단계]

1) 1단계 : '영어 내신성적(160점 만점) + 출결(감점)'(정원의 1.5배수 선발, 동점자 전원 선발)
  가) 영어 내신성적 산출 방식

  영어 내신성적(160점 만점) = 중2~3학년 4개 학기 영어 환산점수의 합

1) 2단계 : '1단계 성적(160점 만점) + 면접(40점 만점)'으로 선발
  ※ 자기주도 학습전형의 면접점수 산출 방식

  면접 = 자기주도학습영역(30점) + 인성영역(10점)

| 전형방법 예시 2 : 하나고 |

가. 선발 방법

구분	1단계		2단계			총점
	교과성적	출결	서류	면접	체력검사	
점수	40	감점	30	30	전형위 심의	100

나. 전형 요소별 평가 방법

1) 교과 성적
  1. 교과 성적은 2학기부터 3학년 1학기까지의 모든 교과 성적(성취도 점수)을 반영함
  2. 학기별 내신 반영 비율

학기	1-2	2-1	1-2	1-2
반영 비율	10%	20%	30%	40%

  3. 전 과목 반영
    전 과목 반영을 원칙으로 하고, 가중치를 고려함

과목	국어	도덕	사회	수학	과학	영어	기술·가정	체육	음악	미술
가중치	5	1	3	5	3	5	1	1	1	1

단, 과목별 가중치가 있다. 주요 과목이나 기초지식이 되는 국어, 영어, 수학의 가중치가 가장 높고 사회, 과학이 그다음이다. 나머지 과목은 가중치를 두지 않는다. 한마디로 국·영·수·사·과의 성적이 중요하다. 교과 성적을 반영하는 비율도 다른데 대원외고는 영어 성적의 배점이 높지만 하나고는 100점 만점에 교과 성적이 40점, 서류와 면접이 60점이다. 즉 2단계 심사가 더 중요하다.

두 학교만 살펴보았는데도 어떻게 성적 관리를 해야 하는지 감이 잡힐 것이다. 결국 중3이 된 뒤에 입시를 생각하는 것은 늦다. 1학년 2학기부터 관리에 들어가야 한다.

외고는 대원외고와 대체로 비슷한 양상을 보이지만 과학고나 다른 자사고들은 학교마다 전형 방법이 다르다. 해마다 조금씩 달라지기도 한다. 특별히 목표하는 학교가 없다면 여러 학교들의 특징을 비교해보고 우리 아이에게 유리할 것 같은 학교를 추려나가는 것도 좋은 방법이다.

어느 정도 성적이면 합격할 수 있을까?

성적으로 지원 자격을 제한하는 학교는 거의 없다. 하지만 엄마들은 '우리 아이의 성적으로 합격이 가능할까'를 가장 걱정한다. 체험활동, 봉사활동 같은 교과 외 활동은 노력하면 얼마든지 요건을 갖출 수 있지만 성적은 그렇지 않기 때문이다.

경쟁률이 높은 학교들의 합격생 성적을 분석해보니 학교마다 차이는 있지만, 전국 상위 3~5% 정도다. 보통 대입에서 고등학교의 내신성적 등급을 나눌 때 상위 4%까지를 1등급으로 보는데, 중학교에서도 마찬가지로 생각하면 된다. 전국 성적을 비교할 기회는 없을 테니 전교 성적이 상위 4%(전교생이 300명이라면 12등 정도) 안에 든다면 1등급이다. 그 정도면 합격을 기대해볼 만하다. 앞에서 보았듯 학교별로 반영하는 과목과 과목별 가중치가 다르므로 입시를 위해서는 전 과목 평균보다는 과목별 성적 관리가 필요하다.

39

미리미리 고입 전략 3
제출 서류 분석하기

> 제출 서류는 입학원서, 자기소개서, 교사 추천서, 학교생활기록부가 기본이다. 내후년에 작성하게 될 이 서류들의 내용을 꼼꼼히 들여다보면서 그 학교가 무엇을 원하는지, 어떤 내용으로 서류를 채워야 하는지를 생각해보자. 그 안에 들어갈 내용이 중학교 3년 동안의 생활을 의미하기 때문이다.

준비할 제출 서류는 어떤 것들이 있나

전형요강에는 복잡한 점수 산정 기준과 다양한 전형별 설명이 가득하지만, 점수 산정은 심사위원이 하는 것이고 우리 아이가 해당되는 전형이 아니라면 굳이 읽어볼 필요는 없다. 엄마가 신경 써야 할 것은 아이의 성적과 제출하게 될 서류들이다. 성적은 앞으로 쌓아갈 것이니 일단 접어두고 제출 서류들만 미리 보자.

제출 서류는 입학원서, 학교생활기록부, 자기소개서, 교사 추천서가 기본이다. 그 외에 주민등록등본, 개인정보활용 동의서가 포함된다. 특별전형 지원자는 해당 지원자격증명서 등의 서류가 필요하지만 실제 심사에 필요한 서류는 앞의 네 가지다.

입학원서

입학원서에는 이름·주소, 주민등록번호, 연락처, 학력 등 지원자의 기본 정보를 적고 어느 전형에 지원했는지 체크하도록 되어 있다. 외고의 경우 입학원서에 지망학과를 표시하도록 되어 있는데 이는 전공 언어를 입학 후 선택하는 것이 아니라 지원할 때부터 따로 모집해 선발한다는 것을 의미한다. 즉 학과별 경쟁률이 다르며, 그 학과를 선택한 이유와 진로 계획이 자기소개서에 담겨야 한다는 뜻이다.

또한 입학원서에 출결 사항과 영어 성적을 적는 칸이 있는 점도 특이하다. 학교생활기록부를 보면 모두 알 수 있는 내용이지만 입학원서에 핵심 사항만 요약해서 적도록 한 것이다. 이 두 가지는 외고에서 1단계 심사의 기준이 되는 사항으로, 입학원서로도 대략적인 분류를 하기 위함이 아닐까 싶다.

| 입학원서 예시 : 대원외고 |

2015학년도 대원외국어고등학교 신입생 입학원서

수험번호	※		전형료 환불 시 계좌번호			예금주			은행명		
						계좌번호					

지원자	성 명			주민등록번호 (앞자리만 작성)				-			
				성별	남 · 여			본 인	☎		
	주 소	우편번호:					연락처	보호자1	☎		
								보호자2	☎		
	학력			중학교 [졸업예정( ) · 졸업( ) · 검정고시합격( ) · 기타( )]							
	출신중 전화			출신중 FAX				학번			
	지원 전공어과	독일어과		프랑스어과	스페인어과		일본어과	중국어과		영어과	
		영어과 선택 외국어			1순위		2순위	GLP 희망			
	전형구분 (해당부분 ○표)	일반	사회통합				국가유공자 (교육비지원대상자)	특례입학		외국인	
			기회균등	사회다양성 1순위	사회다양성 2순위	사회다양성 3순위					

출결(1~3학년)		무단결석( )회, 무단지각, 조퇴, 결과( )회			
영어 성적	2 학년		3 학년		
	1학기 (성취도 A~E)	2학기 (성취도 A~E)	1학기		2학기	
			성취도(A~E)	등급	성취도(A~E)	등급
자유학기제 (해당란 ○표)					
담임교사 성적확인	( )학년 ( )반 담임교사 ( ) 인 또는 (서명)				

사 진
(3cm×4cm)
최근 3개월 이내
인터넷 업로드

출신학교장
직인

위 학생은 2015학년도 귀교 제1학년에 입학하고자 소정의 서류를 갖추어 지원합니다.

2014년   월   일

보호자 :   인 또는 서명

지원자 :   인 또는 서명

대원외국어고등학교장 귀하

위의 기재 사항은 사실과 다름이 없음을 증명하며, 위 학생이 귀교 교육과정을 성실히 이수할 수 있다고 생각되어 이에 추천합니다.

2014년   월   일

(   )중학교장 (직인)

학교생활기록부

교과 성적은 물론 출결 사항, 학년별 담임선생님의 평가 등 중학교 생활 전반을 확인할 수 있는 자료다. 자기주도학습 전형의 취지에 따라 수상 경력 항목은 출력 시 제외하고 있다. 그 밖에 학교마다 제외하는 항목과 표시해야 하는 항목이 다르므로 주의해야 한다.

자기소개서

학교에 따라 '자기계발계획서' 등 다른 명칭을 쓰기도 한다. 제출 서류 중 가장 시간이 많이 걸리고 정성을 들여야 하는 녀석이다.

자기소개서의 질문을 보면 3년 동안 어떻게 노력하고 무엇을 준비해야 하는지 알 수 있다. 작성은 학생이 직접 하는 것이 원칙이지만 분량과 내용 구성이 간단치 않으니 교사나 부모가 도와줄 필요가 있다. 여러 번 고치고 다시 쓰는 수고도 필요하다.

오른쪽에 있는 상산고의 자기소개서 요건을 살펴보자. '나의 꿈과 끼, 인성'에 대해 다음과 같은 내용을 기술하라고 요구한다(1500자 이내).

이 기준에 맞춰 자기소개서를 작성하려면 먼저 스스로 학습 계획을 세우고 학습해온 과정이 필요하다. 이는 시간과 노력, 직접

| 자기소개서 질문 예시 : 상산고 |

- 본인이 스스로 학습 계획을 세우고 학습해온 과정과 그 과정에서 느꼈던 점, 건학 이념과 연계해 지원 학교에 관심을 갖게 된 동기, 고등학교 입학 후 자기주도적으로 본인의 꿈과 끼를 살리기 위한 활동 계획 그리고 고등학교 졸업 후 진로 계획에 관해 구체적으로 기술하십시오.

- 본인의 인성(배려, 나눔, 협력, 타인 존중, 규칙 준수 등)을 나타낼 수 있는 개인적 경험 및 이를 통해 배우고 느낀 점을 구체적으로 기술하십시오.

실천한 경험 없이는 작성할 수 없다. 학습 계획을 어떻게 세웠는지, 어떤 시행착오와 에피소드가 있었는지, 성과가 어땠는지를 구체적으로 적어야 한다. 학원에 의지해 성적을 유지해온 아이라면 쓸 말이 없을 것이다.

건학 이념과 지원 동기는 지원 학교에 대해 무언가 아는 게 있어야 쓸 수 있다. 홈페이지에 나온 학교 소개만으로는 형식적인 글쓰기에 그치고 마니 중학생을 대상으로 하는 캠프나 학교 방문 프로그램 등에 직접 참여해보는 것도 좋다.

고등학교 입학 후의 활동 계획과 고등학교 졸업 후의 진로 계획은 중학생들이 쓰기에 막연할 수도 있다. 평소 관심 있는 분야나 중학교 때 한 활동과 연계하는 것이 가장 무난하다. 1학년 때부터 이러한 방향성을 가지고 관련 동아리나 봉사활동, 독서활동, 체험학습 등을 선택하는 것이 좋다.

누구나 장점이 되는 인성이 있다. 하지만 인성에 대한 이야기는 쓸 내용이 없어서가 아니라 특별히 기억나는 사례가 없어서 애를 먹는 경우가 많다. 평소 아이의 인성이 빛나는 사건이 있다면 엄마가 메모를 해두자. '칭찬 편지' 형식으로 써서 아이에게 메일을 보내면 즐거운 소통이 될 뿐 아니라 칭찬 내용이 메일함에 저장되어 좋다.

교사 추천서

모든 학교는 교사 추천서에 지원자에 대한 객관적이고 구체적인 정보를 담을 것을 요구한다. 유의 사항에 '과도한 미사여구나 칭찬 일변도의 기술을 지양할 것'을 명시하고 있으며 선생님들도 이 내용은 이미 잘 알고 있다. 교사 추천서는 학교마다 차이가 있는데, 교과 선생님과 담임선생님이 쓰는 추천서 양식을 따로 두어서 각각 다른 내용을 쓰는가 하면, 같은 양식을 주고 두 명의 선생님이 작성하기도 한다.

서울과학고의 예를 보자. 서울과학고는 '관찰 소견서'라는 명칭을 사용한다.

| 서울과학고의 교사 추천서 예시 |

관찰 소견서

1. 지원자의 학습 태도, 과제 집착력, 창의성 등에 관하여 구체적으로 기술해주십시오.(띄어쓰기 포함 500자 이내)

   ※ 지원자의 학업 관련 영역을 평가해주십시오.

평가 영역	평가 불가	미흡	보통	우수함	탁월함
1) 학습 태도					
2) 과제 집착력					
3) 창의성					

2. 지원자의 인성, 리더십 및 공동체의식, 봉사성 등 개인적 특성에 관해 구체적으로 기술해주십시오.(띄어쓰기 포함 500자 이내)

   ※ 지원자의 개인적 특성 관련 영역을 평가해주십시오.

평가 영역	평가 불가	미흡	보통	우수함	탁월함
1) 인성					
2) 리더십 및 공동체의식					
3) 창의성					

3. 지원자의 성장 과정과 교육 환경, 기타 고려할 만한 사항이 있으면 기술해주십시오.(띄어쓰기 포함 300자 이내)

교사 추천서도 자기소개서만큼이나 분량이 많고 대충 써선 안 되는 것이다. 우리 아이에 대해 소상하고 진정성 있게 써줄 만한 선생님으로 누가 좋을까? 엄마는 선생님을 만날 기회가 있을 때마다 빛나는 통찰력을 발휘해야 한다. 학년별 담임선생님은 물론 특별활동 선생님, 아이가 좋아하는 교과 담당 선생님 등 우리 아이를 잘 알고 이해하는 선생님이어야 하고 엄마와 이야기가 잘 통하는 선생님이면 더욱 좋다. 알아서 잘 써주시겠지 하며 그냥 맡기는 것보다 어떤 내용을 쓸지 미리 논의를 하면 선생님의 부담도 줄고 엄마도 마음이 놓인다.

자기소개서, 미리 써보자

자기소개서의 내용은 어느 날 갑자기 만들어지는 게 아니다. 자기주도학습 과정, 진로 계획, 인성 등 시간과 노력, 실천의 과정이 필요한 일이므로 평소에 이야깃거리를 만들어놓아야 한다. 자기소개서를 미리 써보는 것은 자기소개서의 완성도를 높이는 준비가 되며, 지금까지 얼마나 준비가 되었고 어떤 노력이 더 필요한지를 알게 해주어 도움이 된다.

1학년 때부터 방학마다 한 번씩만 써보면 충분하다. 우선 중학교 입학 전 겨울방학 때 한 번 써보자. 물론 엄마의 도움이 필요하다. 어설프게라도 한 번 써놓고 다음 여름방학 때 쓸 때는 이전 내용을 수정, 보완하며 발전시켜나가면 된다.

이런 과정을 통해 아이들은 지속적이고 실제적으로 목표를 인지하며, 꿈을 이루기 위해서는 이렇게 구체적인 노력의 과정이 필요함을 경험한다.

중1 무렵이 되면 두뇌는 큰 변화를 겪는다. 뇌가 변하니 생각도 감정도 행동도 변한다. 아이가 달라졌으니 엄마의 역할도 달라져야 한다. 사사건건 잔소리를 하며 아이를 가르치려 하기보다는 본을 보이며 한 걸음 물러서자. 가장 치명적인 것은 잔소리며, 가장 현명한 것은 기다림이다.

Part 6

가시밭 같은 사춘기,
통증 없이 지나가기

40
초등학교 때는
안 그랬는데……

> 만 13세 무렵, 아이의 두뇌는 큰 변화를 겪으며 성장한다. 뇌가 다시 태어나는 만큼 혼란도 겪는다. 뇌가 변하니 생각도 감정도 행동도 변한다. 중학교에 간 이후 아이가 달라졌다고 느낀다면 지극히 정상이다. 괜히 아이를 다그치거나 친구들을 의심하지 말자. 내 아이가 성장하고 있다는 의미이니 달라지는 모습을 더욱 세심히 관찰하고 배울 일이다.

아이의 친구가 문제일까?

엄마들은 지난 13년간 키워온 내 아이가 갑작스럽게 변하면 쉽게 받아들이지 못한다. '내 아이는 내가 가장 잘 아는데, 지금까지 한 번도 그런 말이나 행동을 한 적이 없고, 앞으로도 그럴 리가 없다'고 굳게 믿는다. 그래서 아이가 예상치 못한 잘못을 하거나 돌출 행동을 보이면 엄마들은 하나같이 아이의 친구 탓을 한다. 초등학교 때는 안 그랬는데 중학교 가더니 친구를 잘못 사귀어서 그랬다는 것이다.

하지만 근본적인 원인은 다른 곳에 있다. 바로 내 아이 속에서 이미 일어난 변화다. 엄마 말대로 친구를 잘못 사귄 게 원인이라면 초등학교 때까지는 왜 그런 친구를 사귀지 않았던 걸까? 그 친구들과 어떻게든 코드가 맞았으니 어울렸을 것이고, 그 선택 또한 내 아이가 한 것이다. 그 친구의 엄마들에게도 물어보라. 아마 그 엄마들도 "우리 아이도 초등학교 때까지는 그렇지 않았다"고 대답할 것이다.

내 아이는 감싸고 아이의 친구를 탓하는 엄마들의 마음에는 '내 아이는 언제까지나 착하게 내 품에서 자랄 거야'라는 욕망이 있다. 하지만 아쉽게도 아이는 달라졌다. 내 잘못을 감싸는 엄마에게 고마워하거나 미안해하기는커녕 내 친구를 나쁘게 몰아가는 엄마를 미워한다. 아이는 더 이상 무조건 엄마 편을 들지 않는다. 아동기를 벗어나 독립된 성인이 되기 위한 변화가 시작된 것이니 받아들이자.

내가 원하는 아이의 모습을 지우자

중학교에 가면서 갑자기 공부를 열심히 하거나 책에 빠져 밤을

새우는 아이들을 엄마들은 크게 걱정하지 않는다. 똑같이 사춘기의 큰 변화를 겪고 있지만 그 모습이 성적과 공부에 긍정적인 영향을 미치느냐 아니냐에 따라 안심과 걱정으로 갈리는 것이다. 엄마들이 걱정하는 것은 아이가 안 가던 게임방에 자주 가거나 친구의 자전거를 훔쳐 타고 오거나 욕을 자주 하는 등 안 좋은 모습을 보일 때다.

혹시 엄마의 마음속에 '내 아이는 이러저러할 것이다'라고 정해놓은 모습은 없는지 살펴보자. 정해두지는 않아도 기대감 정도는 있을 것이다. 그것이 혼란을 더 키운다. 내 아이의 옷에서도 담배 냄새가 날 수 있으며, 좋은 자전거에 자물쇠가 풀려 있다면 어느 아이든 주웠다는 핑계로 타고 와버릴 수 있다. 아이의 마음속에 호기심과 자유의지, 자존심, 욕심이 자라고 있음을 잊지 말아야 한다.

아이가 어떤 성인으로 커갈지는 아무도 모른다. 분명한 것은 부모는 자녀가 나보다 더 나은 성인이 되길 꿈꾼다는 것이다. 그 꿈을 이루려면 이제 본격적으로 폭발하는 아이의 복잡한 사고력과 미묘한 심리, 뿜어져 나오는 욕구를 바르고 성숙한 길로 이끌어야 한다. 이것이 아이가 사춘기를 겪을 무렵부터 달라져야 하는 부모의 역할이다.

달라지는 아이를 다시 배우자

사춘기는 신생아기 이후 가장 급격히 성장하는 시기다. 아이를 처음 낳았을 때 엄마들은 아기의 눈빛과 표정, 울음소리 등을 민감하게 받아들이며 아이를 배운다. 사춘기 자녀를 둔 엄마들도 그래야 한다. "코 찡긋하는 버릇이 생겼구나", "잠을 많이 자는구나", "덧니를 부끄러워하는구나" 등등 아이가 말로 표현하지 않는 것들을 알아채고 그대로 보살펴주면 된다.

아이들이 자신의 상태와 원하는 것들을 엄마에게 소상히 말해주면 좋겠지만, 그러지 않는다. 말하기 싫어서가 아니라 아이도 자신의 상태를 잘 모르기 때문이다. 내가 뭘 좋아하는지, 뭘 하고 싶은지, 왜 기분이 안 좋은지, 그때 왜 그렇게 행동했는지 자신도 잘 모른다.

사춘기란 원래 그런 것이다. 급격히 성장하느라 체력이 일정하지 않고 성장호르몬이 감정중추를 자극해 감정의 기복이 심해진다. 그 와중에 달라진 학교생활에 적응하며 친구 사귀고 숙제하고 가끔 기특한 짓도 하는 게 놀랍지 않은가.

중학생이 된 아이들은 초등학생 때와 달라야 정상이다. 몇 번 그러다가 말기도 하고, 특정 성향이 어른이 될 때까지 지속되어 성격으로 굳어지기도 한다. 아이들은 부모가 기대하고 예상하는 대로 자라지 않는다. 부모보다 더 나은 어른이 되기 위해서다. 그러니 지켜보고 다시 아이를 배우자.

중학생이 되고 나서야 우리 아이가 내향적이라는 것을 알았습니다

초등학교 졸업 때까지 우리 딸은 인기 많고 활발한 아이였습니다. 달리기 같은 체육 종목도 잘하고 운동장 활동도 좋아했어요. 그런데 중학교에 입학한 후에는 친한 친구들과 떨어져서 그런지 조금 조용해지더군요. 한번은 마트에서 아이의 같은 반 친구를 만나 딸아이에 대해 물어보니 "쉬는 시간에도 그냥 자리에 앉아 있고요. 별로 말이 없어요"라고 했습니다.

의아했어요. 집에 와서 딸아이에게 왜 그렇게 혼자 앉아 있기만 하느냐고, 쉬는 시간에는 친구들이랑 어울리라고 얘길 했지요. 하지만 나중에는 그게 제 딸의 성격이라는 걸 알게 되었습니다. 어릴 땐 잘 몰랐는데 사춘기를 넘기면서 조용하고 혼자 있기 좋아하는 성향이 뚜렷해졌어요. 그것도 모르고 괜히 아이에게 이래라저래라 했던 것이 미안합니다.

중1은 초등학생 때와는 다른 모습을 보이는 시기인 것 같아요. 특히 첫아이가 중학생이 될 때는 더욱 당황스러워요. 예비 중1을 둔 엄마들은 미리 마음의 준비를 하면 좋겠습니다.

41
내 마음대로 안 되는 아이들

> 중학생 아이들은 좀 컸다고 엄마랑 같이 다니지도 않고, 웬만해서는 말도 듣지 않는다. 수시로 전화하고 시시콜콜 물어본다고 해결되는 일도 아니다. 엄마의 역할이 달라져야 한다. 꼭 지켜야 할 행동 기준을 알려주고, 본을 보이며 한 걸음 물러서자. 아이들은 영리해서 부모가 무엇을 원하는지 무엇을 모른 척하는지 금방 파악하면서 스스로를 통제하는 힘을 기른다.

품 밖의 자식

열 살까지는 '품 안의 자식', 열 살이 넘으면 '품 밖의 자식', 스무 살이 넘으면 '집 밖의 자식'이라고 한다. 중학생이 된 아이들은 엄마가 모르는 자기들만의 세상에 푹 빠져버린다. 옷도 엄마가 골라주는 아동복은 입으려 하지 않으며, 돈을 달라고 해서 친구들끼리 번화가에 나가 마음에 드는 옷을 산다. 엄마는 허탈할 수밖에 없다. 아이가 어른이 되어간다는 것, 나와는 다른 독립된 인격체가 되어간다는 것, 그만큼 인정하고 존중해야 한다는 것은 매우 치열하고 어려운 과정이다.

아이들의 사춘기가 급격히 진행되듯 엄마들도 '품 밖의 자식'에 빨리 적응해야 한다. '이게 좀 컸다고……' 하는 서운한 감정을 얼른 추스리고 엄마의 수준을 높여야 한다. 다정하고 무엇이든 품어주던 엄마에서 카리스마 넘치고 옳고 그른 것을 분별해주는 엄마로 바뀌어야 한다.

예를 들어 초등학생 때 아이가 코를 흘리면 직접 코를 닦아주었지만 이제는 "코 닦을 휴지를 준비하거라" 하고 조언하는 정도로 엄마의 역할을 바꾸어야 한다. 휴지를 준비하는 것은 아이의 자율이고, 휴지를 준비하지 않아 불편과 부끄러움을 감수하는 것 역시 아이의 몫이다. 아이는 곧 '아, 엄마 말이 맞구나'라고 느끼는 상황을 경험하며 엄마를 신뢰하고 엄마 말이 옳다는 것을 인정한다. 그러니 너무 많은 걱정과 잔소리는 삼가자.

아이에게 꼭 알려주어야 할 행동 기준

아이들에게 엄마 몰래 한 짓들을 말해보라고 했더니 별별 대답이 다 나왔다.

"엄마 저금통에서 돈 뺐어요."

"화장대에 있던 금목걸이 팔아먹었어요."

"포르노 동영상 봤어요."

"학원 간다고 하고 PC방 갔어요."

"책값 받아서 노래방 갔어요."

왜 이런 일이 벌어질까? 머리는 점점 똑똑해지고 행동과 의사결정의 자율성이 점점 커지는 것에 비해 그 한계와 기준을 모르기 때문이다. 그런 아이들에게 부모가 해줄 것은 모든 행동에 대한 시시콜콜한 잔소리가 아니라 행동의 기준을 알려주는 것이다.

가장 중요한 기준은 이것이다.

'나를 해치는 행동과 남을 해치는 행동은 절대 해선 안 된다.'

아이 스스로 이 원칙을 지켜나가게 하려면 평소에 부모가 이 원칙에 따라 행동하고 지도해야 한다. 예를 들어 담배를 피우거나 아침을 안 먹는 습관은 내 건강을 해치는 행동이므로 삼간다. 아빠 지갑에서 돈을 훔치는 건 아빠에게 손해를 주는 행동이므로 해선 안 된다. 돈이 필요하면 아빠의 동의를 얻도록 지도하자.

이 원칙대로 아이를 훈계하면 엄마도 실수를 줄일 수 있다. 무언가를 잘못했을 때 "너는 왜 그러니?"라고 아이 자체를 싸잡아 비난하지 않고 "그렇게 말한 것은 상대방에게 상처가 된다"라고 잘못한 행동만 지적할 수 있기 때문이다.

'양심에 따라 행동하기'를 가르치자

사람의 실수와 잘못은 대부분 충동적으로 일어난다. 충동이 강하면 아무리 훌륭한 판단 기준도 작동할 여지가 없는 것이다. 그래도 그 순간 번뜩이는 것이 하나 있으니, 바로 '양심'이다. 시험을 보다가 친구의 답안지를 보았을 때, 훔친 티셔츠를 운동장에서 주운 것이라며 빨래통에 넣을 때 아이들은 양심의 울림을 경험한다. 엄마도 모르고 친구도 모른다. 오직 혼자만 아는 잘못된 행동들, 나만 입 다물면 되는 행동들이 많아지면 아이들은 말수가 줄고 눈빛이 탁해진다.

양심을 저버리는 행동을 방지하려면 일상에서 수시로 양심에 따라 행동하기를 본보이자(말로만 가르칠 수 없기 때문이다). 마트에서 잔돈을 더 받았다면 다시 되돌려주고, 아이와 다투다가 심한 말을 했다면(그래서 엄마 마음에 걸린다면) 그렇게 말해서 미안하다고 메시지를 보내자. 혹시 아이가 "엄마, 그냥 모른 척하지 왜 거스름돈을 돌려줘?"라고 묻는다면 "양심에 걸리잖아. 그냥 넘어가면 그 마트에 갈 때마다 신경이 쓰이지 않겠니? 양심을 지켜야 내 마음이 편한 거야"라고 말해주어야 한다. 단 한 번이라도 아이는 새겨듣는다. 아이도 이미 양심을 따르지 않아 마음이 불편했던 경험을 했을 것이기 때문이다.

내 마음대로 되지 않는 사춘기 아이들. 그 아이들의 마음속에 양심이 있다는 것은 대단한 축복이다. 엄마 눈치 보느라 절절 매는 아이보다 자신의 양심을 무서워하는 아이가 더 큰 그릇이 되지 않겠는가. 그렇게 가르치자. 그리고 아이가 무언가 잘못했다면 이렇게 말해주자.

"엄마에게 잘못한 걸 다 말하지 않아도 좋아. 사람은 누구나 실수를 하니까. 엄마에게 말하기 싫을 수도 있으니까. 하지만 어느 순간에도 양심에 어긋나는 행동은 하지 마라. 왜 그런지 알 수 없어도 그냥 마음에 내키지 않으면 안 하는 거야. 그게 스스로에게 당당할 수 있는 방법이고 결국 바른 행동이야. 엄마는 네가 그렇게 크면 좋겠어."

 아이 옷에서 담배 냄새가 납니다

Q 중1 남자아이를 키우는 엄마입니다. 언제부턴가 아이 옷에서 담배 냄새가 나는 거예요. 깜짝 놀라 이유를 물으니 PC방에 갔다가 옷에 냄새가 뱄다는 겁니다. 집에 바로 오지 않고 PC방에 왜 갔느냐고 혼을 냈지요. 그다음부터는 일부러 아이가 오는 시간에 밖을 내다봅니다. 아이는 집 근처까지 왔다가 친구들과 모여서 다시 어딘가로 가기도 하더군요. 어딜 가는 것인지, 어떤 친구들인지, 아이가 담배를 피우는 건 아닌지 걱정이 됩니다.

A 아이의 행동이 초등학교 때와 다르다는 것은 생각이 달라졌다는 것을 의미합니다. 그러니 엄마도 아이를 대하는 방법을 바꿔야지요. 초등학생 대하듯 하나하나 물어보고 확인하고 가르치면 아이는 거짓말만 늘게 될 거예요. 엄마가 밖을 내다본다는 걸 알면 아이는 집 근처로 오지도 않을 겁니다. 그러니 어느 정도는 무관심해지세요. 그래야 엄마와 아이 모두 편합니다.

사춘기 아이가 누구를 만나는지, 어디를 가는지 엄마가 모두 통제할 수 없습니다. 단 '나를 해치고 남을 해치는 행동은 절대 안 된다'는 원칙만 확실히 알려주세요. 그 원칙을 따르면 결국 건강을 해치는 담배는 피워서는 안 되는 겁니다. 친구 따라 한두 번 입에 댈 수도 있겠지만 아이들은 곧 '나를 해치는 건 안 된다'는 생각을 해요.

사춘기 아이들을 가르칠 때는 길게 봐야 합니다. 어떤 사건을 해결하기 위한 일시적인 묘책은 생각하지 마세요.

42
엄마 아빠에 대한
불만이 가득한 아이들

> 부모의 욕구에 맞춰 자라온 아이들은 사춘기에 들어서면서 자신의 욕구와 마주한다. 여기서부터 부모에 대한 거부감이 시작된다. 특히 부모에게서 상처받는 말을 들었거나(부모가 기억을 못할 수도 있다). 잔소리와 규제에 답답함을 느끼는 등 불만을 키우는 요소들이 가정에 있다면 갈등이 심해질 수 있다. 부모로서 평소 고쳐야 할 언행은 없는지 점검해보자.

상처받는 한마디에 갇힌 아이들

중2 휘찬이는 밖에서는 활발하지만 집에서는 말이 없다. 집으로 돌아오는 버스에서 내리는 순간부터 시무룩해진다. 집에서는 부모와 눈을 마주치는 일이 없으며, 툭툭 내뱉는 말들은 엄마 아빠를 무시하거나 비아냥거리는 것처럼 들린다. 예를 들어 아빠가 시사 프로그램을 보고 있으면 "이런 게 재밌어?"라고 말하고, 컵에 고춧가루가 묻어 있으면 "엄마, 뭐하는 거야?"라고 쏘아붙인다. 그럴 때마다 엄마, 아빠는 무안해하거나 비참함을 느낀다.

"어쩌다 짜증을 내는 것과는 달라요. 속에 엄마 아빠에 대한 불만이 꽉 차 있는 것 같아요. 그렇지 않고서야 어떻게 계속 저럴 수가 있어요."

무슨 불만이 있느냐고 물어보았지만 고개를 저을 뿐이라고 한다. 있어도 입을 열지 않을 것이다. 휘찬이는 왜 그러는 걸까?

휘찬이의 마음속에는 초등학교 5학년 때 들은 말 한마디가 박혀 있었다. 휘찬이 문제로 엄마 아빠가 말다툼을 하다가 "무슨 애가 그 모양이야!"라고 하는 소리를 들은 것이다. 엄마 아빠는 늦은 밤이었고 휘찬이가 잠든 후라고 생각했지만, 휘찬이는 자신 때문에 부모님이 싸우는 것이 무서워 잠을 이룰 수 없었다. 그날 이후 휘찬이는 그 말에 갇혀버렸다. 부모가 하는 모든 격려와 칭찬이 진심으로 들리지 않았고, 부모님의 모든 행동이 가식적으로 보였다.

우리 아이도 혹시 상처받는 말 한마디에 눌려 있을지 모른다. 부모는 기억하지 못하거나, 휘찬이의 부모처럼 아이가 들었으리라고는 생각지도 못한 말일 수도 있다. 마음에 걸리는 것이 있다면 아이에게 이렇게 말해주자.

"무엇 때문인지, 엄마가 보기에는 네가 엄마 아빠에게 불만이 많은 것 같구나. 엄마 아빠가 뭔가를 잘못했다면 사과할게. 실수였을 수도 있고, 홧김에 그랬을 수도 있어. 이유가 뭔지 말해줄 수 있니? 말하기 싫으면 안 해도 돼. 그래도 이건 알아주었으면 좋겠어. 너의 불만스러운 표정을 볼 때마다 엄마는 너무 무섭고 불안해. 앞으로는 엄마 아빠의 어떤 행동이 너를 힘들게 한다면 그때그때 말해줘. 그래야 똑같은 실수를 안 하지. 그럴 수 있겠니?"

그리고 조금 기다리자. 아이가 아무 답이 없을 수도 있다. 그래도 상관없다. 아이가 엄마의 마음을 알았을 테고, 엄마도 마음을 전한 것으로 충분하다.

'부모도 사람'임을 깨닫기 시작했다

어린아이에게 부모는 슈퍼맨이나 영웅, 신과 같은 존재다. 내 능력의 근원이며 나의 영원한 피난처같이 여겨진다. 그러던 부모가 어느 날부터 비열하고 무기력하며 실수투성이인 '사람'이라는 생각이 들기 시작한다. 전두엽이 성장하면서 비판적 사고력, 자의식, 현실 인식이 생겨나기 때문이다. 부모는 달라진 게 아무것도 없는데 아이는 부모에게 실망하며 배신감을 느낀다. 부모는 나에게 모든 것을 다 해줄 수도 없고 나를 무조건 예뻐해주지도 않으며 나의 꿈을 이루어줄 수 없는 존재라는 생각이 강해진다. 엄마 아빠에 대한 시각이 바뀌니 남처럼 여겨지고 어색하며 예전처럼 가까이 갈 수가 없다.

이것은 누구나 거치는 과정이지만 요즘은 외동으로 태어나 부모의 사랑을 한 몸에 받으며 자란 아이들이 많아 이런 혼란이 점점 깊어지고 있다.

아이가 부모의 실수나 비도덕적인 행동(거스름돈을 더 받고 모른 척하거나 흡연 금지 구역에서 담배를 피우는 행위 등)을 지적한다면 진지하게 듣자. 잘못을 인정하고 행동을 고쳐야 한다. 부모도 사람이라 완벽할 수 없지만 반듯하게 살려고 최선을 다하는 본을 보여야 한다.

내 욕망이 생겼다는 증거다

아이는 태어나면서부터 엄마의 욕망을 따른다. 그래야 생존할 수 있기 때문이다. 밥 먹고 옷 입고 잠자는 모든 순간을 엄마의 욕망에 맞춰 살다 보면 아이도 엄마의 욕망을 욕망하게 된다. 엄마의 칭찬을 듣고 싶어 공부를 열심히 해 수학경시대회에서 상을 타기도 하고, 엄마가 검사라는 직업을 좋아하기 때문에 내 꿈이 검사가 되기도 한다. 엄마 입장에서 이런 아이는 정말 키울 맛 난다. 내 마음에 딱 들기 때문이다.

그러나 아이가 사춘기 들어 자신만의 생각, 욕구, 자아가 형성하기 시작하면 상황이 달라진다.

"그게 엄마 꿈이지, 내 꿈이야?"

"내가 입을 옷을 왜 엄마가 골라?"

그 착했던(엄마가 보기에) 아이 입에서 이런 말이 나오면 엄마는 충격을 받는다. 하지만 아이도 속이 상할 만큼 상해 있다. 그동안 엄마가 날 조종해온 것 같고, 그래서 마음에도 없는 검사라는 꿈을 이루려고 다니기 싫은 학원을 다녔던 것이 억울하다.

아이만의 욕망이 생겼다는 것은 아이의 마음이 성장하고 있다는 증거다. 커서도 엄마의 욕망대로 산다면 그 아이는 존재의 이유가 없다. 엄마 좋자고 아이의 욕구를 모른 척해서는 안 된다. 아이는 친구들과 함께 옷을 사러 다니고 싶어 할 테니 엄마는 아이의 옷을 고르는 즐거움을 포기해야 하며, 아이는 자신의 꿈을 스스로 찾고 싶어할 테니 그동안 그려온 아이의 미래상을 포기해야 한다. 서운하겠지만 인정하자.

조용한 반항을 하기도 합니다

우리 큰아이는 고3 때 늦은 방황을 했습니다. 한 번도 가지 않던 게임방에 출근 도장을 찍더군요. 처음에는 그저 게임이 좋아 그러는 줄 알았는데 나중에 이유를 알고 보니 성적에 대한 부모의 기대가 문제였습니다. 늘 공부를 잘하고 성실한 아들이어서 학원이든 과외든 시키면 그대로 잘했거든요. 아이 마음속에는 '지금 이걸 한다고 성적이 오를까' 싶은 생각이 있었지만 안 한다고 하면 부모님이 실망할까 봐 그냥 참고 했던 겁니다. 그렇게 혼자 앓다가 숨통을 틔운 것이 게임방이었던 거죠.

이렇게 조용한 반항을 하는 아이도 있습니다. 부모는 아무것도 몰랐지만 아이는 얼마나 힘들었을까요?

반면 작은아이는 한마디도 지지 않고 말대답을 다 합니다. 기가 막힐 때도 많지만 차라리 그게 낫다는 생각도 들어요.

부모에 대한 불만을 표현하는 방법은 아이마다 달라요. 조용하고 착한 아이일수록 세심히 살펴야 합니다.

43
중2병이 두렵다?
알고 나면 가엾다

> 무뚝뚝하고 무관심하고 잠이 많은 중2들에게 부모가 해줄 수 있는 건 별로 없다. 가장 치명적인 것은 잔소리며, 가장 현명한 것은 기다림이다. 혹 외로운 유아기를 보낸 아이라면 사춘기가 더 힘들게 느껴질 수 있다. 그래도 성장통은 혼자 이겨내야 함을 명심하자. 부모는 본을 보이는 사람이지, 간섭하는 사람이어서는 안 된다.

중2병이란

돌 무렵 걸음마를 시작하고 일고여덟 살이 되면 이가 빠지듯 성장 단계마다 특징이 있다. '중2병'도 마찬가지다. 북한이 우리나라에 쳐들어 오지 못하는 이유가 중2가 무서워서라는 농담이 있을 정도로 중2들은 '지 맘대로'다. 남들이 보기에도 그런데, 엄마들 속은 오죽할까. '다 저러면서 크지' 싶으면서 도대체 어쩌라는 건지 엄마도 미칠 지경이다.

'중2병'은 표정과 말투가 달라지며 부모의 말이 도무지 먹히지 않는 사춘기의 증상이 중2 즈음에 두드러지기 때문에 생긴 이름인데, 명칭이 그런 것일 뿐 실제로 병은 아니다. 증상이 중3 때 심해지는 아이, 고2 때 오는 아이가 있는가 하면 유난스럽지 않게 조용히 지나가는 아이들도 있다.

사춘기는 아이에서 어른이 되기 위한 급격한 변화의 시기다. 어린 이가 빠지고 평생 써야 할 새 이가 나듯 아이들의 뇌도 어린이의 상태를 벗어나 어른의 뇌로 변하고 있는 것이다. 엄마는 이전에 내가 알던 아이가 아닌 것 같아 얼른 적응이 안 되겠지만, 아이가 무슨 잘못이라도 저지르고 있는 양 잔소리를 해대지는 말자.

변화가 없으면 성장도 없다. 그들의 성장이 부럽지 않은가. 매일 같은 모습으로 제자리에서 맴도는 어른들에 비하면 사춘기 아이들은 감탄스럽다.

황석영 작가는 "성인이 되는 길은 마치 독립운동처럼 험난하고 외롭다"고 했다. 중2 무렵이 되면 내 아이도 혼자 견뎌야 하는 고독한 성장의 길에 들어서는 것이다.

엄마들은 아이가 모든 대답을 "몰라"로 통일한다고 답답해하는데, 어른들도 머리가 복잡하고 아무 말도 하기 싫은 날이 있지 않은가. 어른들은 무슨 일이 있어야만 그렇지만, 중2병에 걸린 아이들은 늘 그렇다. 몸과 마음의 급격한 성장을 위한 비상사태, 그게 바로 중2병이다.

불만이 가득하다

아이들은 "몰라" 한마디도 다정하게 하지 않는다. 눈도 안 마주치고 툴툴거리는 말투로 내뱉으면 그만이다.
"무슨 일 있었니?"
"아니."
"근데 왜 그래?"
"아, 몰라!"
희한하게도 성장은 아픔을 동반한다. 사춘기 아이들은 학교에 대한, 세상에 대한, 부모에 대한, 이 나라에 대한 불만이 가득하다. 그 불만과 폭발할 것 같은 답답함이 사춘기 아이들이 겪는 아픔이다. 왜 그런지 본인도 모른다. 누가 뭘 잘못한 것도 아닌데 그냥 싫고 그냥 화가 난다. 과학적인 설명을 덧붙이면, 성장호르몬의 활발한 분비가 편도라는 감정중추를 자극하기 때문이다.

지켜보는 엄마는 무안할 때도 있고 서러울 때도 있다. 사춘기 자녀를 키우는 부모는 상처를 많이 받는다. 그래도 어쩌랴. 크느라 아픈 아기들이 밤새 잠 못 자고 울 때 엄마 마음 생각하던가. 중2병을 앓는 아이들도 마찬가지다. 지켜보고 토닥이고 기다리는 수밖에 방법이 없다. 아이를 달래기보다 엄마 마음 달래기에 더 힘을 쏟아야 하는 시기다.

유아기에 외로웠다면 증상은 더욱 심하다

유아기에 형성된 자존감은 사춘기에 영향을 미친다. 어린 시절에 충분한 애착과 안정감을 느껴서 마음의 힘이 좋다면 그만큼 사춘기를 지내기가 수월하다. 반면 부모와 떨어져 지내고 눈치를 보았거나 늘 불안한 정서 상태로 어린 시절을 보냈다면 사춘기의 요동치는 감정을 견뎌내기가 더 어려울 것이다.

어떤 학자는 어린 시절 부모에게서 받아야 할 것을 받지 못한 아이들이 사춘기가 되면 부모에게 복수한다고 한다. 하지만 이미 지난 일을 어쩌랴. 혹시 아이의 어린 시절 중에 마음에 걸리는 일이 있다면 마음을 굳게 먹자. 다른 아이들보다 시간이 더 걸릴 수도 있고, 반항하는 모습을 보일 수도 있지만 괜찮다. 후회할 것도 없고 미안해할 것도 없다. 누구에게나 사는 일은 쉽지 않고, 그때는 그것이 최선의 선택이지 않았는가.

지금부터 잘해줄 수 있으니 다행이라고 생각하자. 신뢰감이 가득한 모습으로 생활의 본을 보이고 아이에게 바라는 것 없이 미소를 주자. 그렇게 시간을 보내야 한다. 몇 개월, 몇 년이 걸릴지 모르지만 반드시 아이는 내 품으로 돌아온다. 그것만은 확실하다. 아이를 믿자.

 **중2는 고치에 들어가 있는 기간인 것 같아요**

15년째 중등 영어를 가르치는 학원 강사입니다. 1, 2, 3학년 모두 수업을 하지만 가장 좋아하는 학년을 꼽으라면 2학년입니다.

1학년 교실은 시끄럽고 뛰어다니고 난장판이에요. 수업 시간에도 조금만 틈이 나면 장난을 치고 놀자고 소리를 지르죠. 아직 초등학생 티가 남아 있습니다.

하지만 2학년 반에 들어가면 분위기가 다릅니다. 우선 조용해요. 몇 개월 차이밖에 안 나는데 아이들이 이렇게 다를 수 있을까 놀라울 정도입니다. 꼭 공부를 하느라 조용한 건 아니지만 무언가 생각을 하고 자기 나름의 세계를 가진 듯합니다. 진지한 얘길 하면 알아들을 줄 알고요. 눈치껏 알아서 행동하고 잘 모르는 애들끼리는 무관심한 것처럼 보이지만 따돌림은 없습니다. 얼핏 보면 무기력해 보이지만 그 안에 질서와 예의가 있습니다. 그러는 동안 훌쩍 커버리는 건지 중3이 되면 훨씬 안정되고 밝아져요. 열심히 공부하고 선생님을 친구 대하듯 하는 게 대견하면서도 애들 같지가 않아 징그럽습니다.

어른이라면 1년 단위로 이렇게 달라질 수 있을까요? 성장하는 아이들이니 가능하겠지요.

중2는 완전히 새로운 모습으로 변하기 위해 고치 속에 잠들어 있는 애벌레 같다는 생각을 합니다. 죽은 것 같기도 하고 의미 없이 사는 것 같기도 하지만 고치에서 벗어나면 어른이 되죠. 어른들이 해줄 수 있는 최선은 지켜보고 기다려주는 것 같습니다. 너무 조바심 내지 마세요. 아이들은 잘 크고 있습니다.

44
아이의 이성 친구 교제, 허락해야 할까?

> 엄마들은 이성 친구라는 말만 들어도 불안하다. 동네 엄마들이 "누구랑 누구랑 같이 다니더라"고 수군거리면 귀를 기울이게 되고, 혹시 우리 아이는 어떨지 별별 상상을 다 하게 된다. 하지만 과잉반응을 보이지 말자. 인터넷이며 방송에서 보고 들은 게 많아서 겁 없이 이성 친구를 만날 것 같지만, 사실 아이들의 만남은 상당히 귀엽고 건전하다. 가르칠 것은 가르치되 아이들이 무엇이든 물어볼 수 있도록 열린 분위기를 유지하자.

내 아이를 믿자

마트에 갔다가 아는 엄마를 만났는데 그 엄마가 이런 말을 한다면 기분이 어떨까?

"자기네 딸, 어떤 남자애랑 같이 다니던데? 우리 초등학교 다닌 애는 아닌 거 같던데. 한두 번이 아니야. 다른 엄마들도 다 둘이 무슨 사이인 줄 알아. 자기도 아는 애야?"

동네 엄마들 입에 우리 딸 이름이, 그것도 남자 친구 문제로 오르내리다니 부끄럽고 민망하고 화가 나서 표정 관리가 안 될 것이다. 실제로 그 엄마는 딸이 집에 들어오자 한바탕 퍼붓고 나서 다시는 그 아이와 함께 다니지 말 것과 다시 한 번 동네 엄마들 입에서 둘이 같이 있는 걸 봤다는 이야기가 나오면 죽을 줄 알라는 협박으로 사태를 마무리했다.

그 난리 속에서 그 집 딸은 무슨 생각을 했을까? 딸아이의 이야기는 모든 아이들의 공통된 심정이며, 엄마들이 생각해볼 문제들이 좀 있다.

"걔는요, 초등학교 때부터 같은 학원에 다닌 애예요. 학교에서 같은 반이고, 같은 학원에 다니니까 학교 끝나면 그냥 같이 가는 거예요. 가는 길이 뻔한데 일부러 따로 가요? 그럼 걔 때문에 학원 시간을 옮겨요? 그게 더 이상해요. 엄마한테 얘기해도 엄마는 그냥 다른 길로 돌아가든지 해서 아무튼 같이 다니지 말라고 해요. 그런 게 어딨어요? 엄마는 동네 아줌마들 입에 내 이야기가 오르내리는 게 싫대요. 아줌마들 때문에 학원을 멀리 돌아가라는 거예요? 그런 얘기 하는 아줌마들이 더 이상해요. 잘 알지도 못하는 남의 이야기를 왜 그렇게 해요?"

아이는 결국 엄마에게 이런 속마음을 다 얘기하지 못했다. 당신은 어떤가? 동네 아줌마들의 이야기에 귀를 기울이는가, 내 아이의 이야기에 귀를 기울이는가?

엄마가 자신의 마음을 다스리지 못하면 이런 일이 벌어진다. 세상이 뭐라고 하든 엄마는 아이의 이야기를 들어주고 신뢰하며 끝까지 아이의 편이어야 한다.

다음에 또 이성 친구 문제로 시끄러워지면 저 아이는 엄마에게 뭐라고 말할까? 엄마가 받아들일 수 있는 범위에서 적당히 얼버무리고 말 것이다. 아이를 신뢰하지 않는 엄마는 아이의 솔직한 이야기를 들을 기회를 잃는다. 내 아이를 신뢰하자. 아이의 마음에 어떤 걱정이 있고 어떤 호기심이 있는지 알고 싶다면 말이다.

아이들에게 이성 친구 교제는 '한번쯤 해보고 싶은 일'에 불과하다

이제 막 중학생이 된 아이들에게 이성교제는 화장이나 운전, 배낭여행처럼 한 번쯤 해보고 싶은 일 중에 하나다. '어른 흉내'를 내고 싶은 것이다. 하지만 청소년에게 이성 친구는 배우자를 전제로 하지 않는다. 아이들은 핸드폰에 함께 찍은 사진을 올릴 수 있고, 사귄 지 며칠 됐다고 친구들에게 말할 수 있으며, 함께 학원에 가고 교통카드 충전액이 다 떨어졌을 때 내 것까지 찍어줄 수 있는 관계 정도면 충분하다.

'사귄다'는 개념도 어른들이 생각하는 것과는 다른데, 아이들은 서로에게 관심이 있다는 것을 알게 되면 "우리 오늘부터 1일

할래?" 해버린다. 직접 만날 필요도 없이 카톡 몇 마디로 쿨하게 오케이 한다. 그렇게 장난처럼 며칠 사귀다 마는 경우도 있고 한두 달 가는 경우도 있다. 100일을 넘기는 경우는 매우 드물다. 1년이고 2년이고 제법 사귀는 것처럼 만나려면 적어도 고등학생 이상은 되어야 가능하다.

아이가 부모에게 이성 친구가 생겼다고 아무렇지도 않게 말한다면 그만큼 별일 아니라는 얘기다. 그러니 과잉 반응하지 말고 아무렇지 않게 대답하자. "그래? 좋겠다. 어떤 친구니?"라고 말해버리면 그만이다. 마치 우리 아이가 그 아이와 결혼이라도 할 것처럼 심각해질 필요가 없다.

마음이 건강한 아이는 잘못된 이성교제를 하지 않는다

엄마들은 내 아이에게 이성 친구가 생기면 그때 비로소 '내가 이렇게 보수적인 사람이었구나' 하고 깨닫는다. 평소에는 아이들에게 "공부만 잘하면 뭐하나. 바르고 성실하게 사는 게 더 중요하다", "무엇이든 다양하게 경험하고 열심히 세상을 배워라", "사람은 누구나 소중하고 평등하다. 왕따 당하는 아이가 있으면 도와주고 친구해주어라"고 했으면서 이성 친구 문제 앞에서는 유치할 만큼 허둥거린다. 이성 친구 만나느라 공부를 소홀히 하거나 괜히 노는 바람이 들지는 않을까 걱정한다. 그러다 이성 친구가 공부 잘하는 모범생이라는 사실을 알면 마음을 조금 놓기도 한다.

이성 친구에게 정신이 팔려 성적이 떨어질 수도 있고 노는 데 더 집중할 수도 있다. 만일 그렇다면 그것은 이성 친구 때문이 아니라 내 아이의 마음속에 이미 문제가 있었다는 것을 의미한다. 그런 상황이라면 꼭 이성 친구가 아니어도 게임이나 연예인 등에 빠져들어 정신이 팔릴 수 있다. 그러니 아이에게 이성 친구가 생기면 교제 자체를 걱정할 게 아니라 건강하게 이성교제를 경험할 수 있을 만큼 아이의 마음이 건강한지를 먼저 살펴야 한다.

마음의 건강은 이성교제를 이어가는 과정에서도 유지되어야 한다. 부모는 이성교제를 도울 수 있는 가장 가깝고 진실한 조력자임을 명심하자. '언제까지 걔 만날 거니?'라는 표정으로 아이를 바라본다면 아이는 소중한 조력자와 함께 건강한 이성교제의 방향을 잃는다.

중학교 때 만난 이성 친구가 오래가는 경우는 별로 없다. 며칠 사귀다 말지만, 아이들은 그런 과정을 통해 이성을 알아가고 나중에 연인을 만나고 배우자를 선택할 연습을 한다. 걸음마 배우듯 이성교제도 시행착오와 연습을 통해 배운다. 서로 싸웠을 때는 어떻게 화해하는지, 조심해야 할 말들은 무엇인지, 헤어지고 싶을 때는 어떻게 해야 하는지 등 이성교제를 할 때 지켜야 할 것들, 알아야 할 것들을 가르쳐주자. 부모가 정성스럽게 해준 말들은 아이의 마음속에 남아서 먼 훗날 배우자를 만날 때까지 이어질 것이다.

주변에 남자아이들이 끊이질 않아요

Q 우리 딸은 초등학교 때부터 남자아이들과 잘 어울렸습니다. 고학년이 되어서는 선물을 주고받기도 하고, 사귄 지 며칠 됐다는 둥 제법이더군요. 다른 엄마들 말이, 중학교에 가면 학교도 달라지고 반도 달라지니 걱정 말라기에 그냥 뒀어요. 그런데 중학교에 간 후에도 동아리 선배니 학생회 친구니 하며 남자아이들과 연락을 하는 듯합니다. 남편은 핸드폰 사용을 금지시키고 남자친구는 절대 안 된다며 강하게 말합니다. 아이를 어떻게 지도해야 할까요?

A 남자아이들과 두루 잘 지내는 여학생들은 성격 좋고 인기가 많은 것일 뿐 특별한 걱정거리가 없습니다. 오히려 한 명을 만나고 사귀는 게 더 조심스럽지요. 그런 아이들은 내 핸드폰 주소록에 있는 남자아이들과 사귈 생각을 하지 않습니다. 얘는 어떤 애, 쟤는 어떤 애 하며 나름의 판단을 다 하고 있어요. 엄마의 걱정은 '우리 딸은 그렇더라도 남자애들은 그렇지 않을 것이다' 일 테지요.
하지만 우리 딸도 바보가 아니라는 점을 명심하세요. 여자아이들은 남자아이들보다 민감합니다. 남자아이가 이상한 낌새를 보이면 금방 알아채요. 그 친구를 멀리하게 될 겁니다.

아이에게 사춘기 남자아이들은 성적 호기심이 강하다는 것을 알려주세요. 아빠가 왜 그렇게 철저히 단속을 하는지도 설명해줘야지요. 아빠와의 갈등이나 핸드폰 사용 금지는 일시적인 문제입니다. 지금은 물론 앞으로도 이성 친구에 대한 분명한 태도와 기준이 필요하다는 것을 알려주세요. 아이들은 생각보다 지혜로우며 자신에게 필요한 이야기는 귀담아듣습니다. 걱정과 잔소리 대신 아이에게 필요한 조언을 분명히 전달하세요.

45
멋 부리는 것은
나를 소중히 여기는 즐거움

> 중학생이 되면서 아이들은 본격적으로 멋을 내기 시작한다. 엄마가 입혀주는 대로 입던 어린 시절이 지나고 친구들과 마음에 드는 옷을 사러 다니는 것, 남들보다 돋보이고 싶어 하는 것 모두 부모의 영향에서 벗어나 독립된 인격체로 살아가기 위한 준비다. 남들 다 입는 옷을 입어야 한다는 유치함을 넘어 나를 소중히 여기고 꾸미는 즐거움을 느낄 수 있도록 돕자.

멋 부리는 것은 성장의 증거

아이들은 무엇을 하든 공부하는 것과 관련이 없으면 잔소리를 듣게 된다. 멋 부리는 것도 그렇다. 하지만 아름다움을 추구하는 것은 굉장히 놀라운 성장의 증거다. 자신의 존재를 인식하기 시작했으니 시도 때도 없이 거울을 들여다보는 것이며, 세상에 나만 혼자 사는 것이 아니라는 사실을 치열하게 느끼고 있으니 남들에게 예뻐 보일 궁리도 하는 것이다. 엄마가 입혀주는 대로 입던 어린 시절이 지나고 친구들과 마음에 드는 옷을 사러 다니는 것, 남들보다 돋보이고 싶어 하는 것 모두 부모의 영향에서 벗어나 독립된 인격체로 살아가기 위한 준비다.

겉모습이든 속마음이든 가꾸는 데는 즐거움이 따른다. 다만 겉모습을 가꾸는 것을 먼저 배울 뿐이다. 매일 아침마다 얼굴에 크림을 바르고 머리를 만지며 아름다워지는 내 모습을 보는 것은 얼마나 큰 기쁨인가. '오늘 하루도 잘 지내야지' 하는 다짐이 절로 일어난다. 나를 꾸미다 보면 더욱 나를 사랑하게 되고 자신감도 생기는 법이다.

나다운 멋을 가르치자

십 대들의 멋이라 하면 석우가 떠오른다.

석우 엄마는 석우의 멋 부리기에 한숨을 쉬었다. 한번 외출하려면 준비 시간이 얼마나 많이 걸리는지 웬만한 여자아이들은 비교도 안 된다고 한다.

"머리며 옷이며 계속 만지작거려요. 내가 보기엔 똑같은데 대충 좀 하지. 그 시간의 반만 내서 공부하면 얼마나 좋겠어요."

석우를 처음 본 순간 석우가 뭘 그렇게 만지작거리는지 단번에 알 수 있었다. 또 멋 부리느라 공부에 소홀하다는 석우 엄마의 걱정이 괜한 걱정임을 알았다.

석우의 멋은 여느 십 대들처럼 교복을 줄여 입거나 연예인 머리 모양을 따라 하는 것과는 달랐다. 우선 머리카락은 학교 규정에 따라 짧았고 염색이나 펌은 하지 않았다. 그 상태에서 멋을 낼 수 있는 건 앞머리뿐인데, 눈썹 아래로 앞머리가 내려와서는 안 된다는 규정을 따르기 위해 앞머리를 가지런히 내려 눈썹 위치에 맞추어 잘랐다. 드라이어와 고데기를 기술적으로 사용해서 살짝 말린 앞머리는 한 올도 흐트러지지 않고 눈썹 위에 줄을 맞추었으며, 완전히 동그란 모양의 진한 색 뿔테 안경을 썼는데 해리 포터 같은 귀여운 느낌을 주었다. 상의는 옅은 색 청셔츠에 브이넥 조끼, 검정색 자켓을 입었고, 하의는 진한 색 청바지였는데 새 바지인 듯 반듯했다. 신발은 고동색 스니커즈였다. 누구나 그 모습을 보았다면 단정한 멋에 미소가 번졌을 것이다.

인사를 하며 앉은 석우를 가까이서 보니 감탄할 게 아직 더 있었다. 얼굴에는 여드름을 가리려는 듯 비비크림을 발랐고 동그란 안경에는 알이 없었다. 그리고 손목에는 석우의 즐거움이자 소중한 보물인 듯한 시계가 있었다.

"그 시계 어디서 샀니?"

"문구점에서요."

"시간은 맞는 거야?"

"네."

석우의 손목에는 뽀로로 시계가 자랑스럽게 채워져 있었다. 뽀로로 얼굴 뚜껑을 열면 디지털로 숫자가 표시되는 시계. 뽀로로 시계는 석우의 순수한 마음의 상징이자 패션의 완성이었다.

석우는 앉으나 서나 자세가 반듯했다. 다리를 떨지도 턱을 괴지도 않았고 필통이며 연습장, 참고서 등 석우의 모든 소지품은 깔끔했다. 석우의 평소 모습이 이러하니 멋을 부릴 때도 당연히 그 성향이 드러날 수밖에 없는 것이다. 온 방을 어지르면서 내 몸뚱이 하나만 번지르르하게 꾸미고 다니는 것보다 훨씬 낫다. 무엇보다 자기만의 멋을 즐길 줄 아는 석우가 기특했다.

자신을 꾸밀 줄 알고 몸가짐을 단정하게 할 줄 아는 태도는 훌륭한 자기관리 중 하나다. 석우는 나름대로 멋의 기준이 있었고 고유한 감각에 따라 자신을 가꾸고 있는 것이다.

멋을 아는 아이는 멋을 내야 한다

석우는 머리를 매만지고 옷을 골라 입으며 행복을 느낄 것이다. 외모를 가꾸며 생각도 정리하고 마음가짐도 다잡을 것이다. 잠이 덜 깬 얼굴로 대충 교복을 꿰어 입고 학교에 가는 친구들에 비하면 석우는 대단한 자기관리를 하는 셈이다.

민감한 미적 감각을 가진 석우에게 멋 부리기 금지령을 내리면 어떻게 될까? 그 시간에 공부를 하기는커녕 패션 잡지를 보거나 친구들이 멋 부리는 데 참견하며 다른 방법으로 멋을 즐기려 할 것이다. 멋 부리는 즐거움이 없으니 생활에 활력이 떨어지고 자신감도 떨어질 것은 분명하다. 그러니 멋을 아는 아이는 멋을 내야 한다.

엄마 눈에는 남자아이가 비비크림까지 바르며 외모에 신경 쓰는 모습이 못마땅할 것이다. 자녀가 석우와 비슷하다면 아이의 멋내기를 응원해주자. 그 또한 자신을 사랑하는 방법이니까. 겉모습을 아무지게 가꾸어본 사람이 내면도 가꾸어야 한다는 사실을 분명하게 깨닫는다.

멋 부리기의 주의할 점

아름다움을 추구하는 감각도 부정적으로 쓰일 수 있다. 친구들의 기를 죽이기 위해 비싼 옷을 입거나, 인터넷 쇼핑몰을 구경하며 시간을 낭비하거나, 누가 뭘 입었네 신었네 하며 흉을 보는 '짓'들이 그렇다. 안목이 뛰어난 아이일수록 그런 함정에 빠질 위험도 높다.

한편으로는 "멋이 뭐예요? 먹는 거예요?" 하며 전혀 꾸밀 줄 모르는 아이들도 있다. 옷값 안 든다고 좋아할 일만도 아니다. 일부러 돈 들이고 시간 들여 멋을 내지는 않아도 거울을 자주 보고 표정은 밝은지, 옷과 머리의 매무새는 단정한지를 살피도록 가르치자. 몸과 마음은 연결되어 있어서 정성스럽게 몸을 단장하면 마음에도 아름다움이 피어난다.

석우에게 배우는 단정한 외모 관리 노하우 ✩

멋 부리기가 학업을 방해하는 요인인지 자기관리의 일환인지를 알려면 그 사람의 생활을 살펴보면 된다. 멋 부리느라 방이 난장판이고 생활이 흐트러지면 학업 방해로 이어지겠지만, 멋 부리기가 생활의 활력소로 작용한다면 자기관리로 보아야 한다. 석우는 어느 쪽일까? 가지런한 앞머리와 나비넥타이, 뽀로로 손목시계, 알 없는 안경 등 겉으로 보이는 석우의 멋 뒤에는 매우 규칙적이고 깔끔한 생활이 있었다. 몇 가지 노하우를 살펴보자.

- 샤워는 아침에 한다. 잠 깨기도 좋고 개운하게 등교할 수 있다.
- 향수는 쓰지 않는다. 조금만 뿌려도 냄새가 강하고 시간이 지나면 냄새가 이상해진다.
- 항상 바른 자세를 유지한다. 다리를 꼬거나 쪼그려 앉으면 바지 모양이 틀어진다.
- 교복 상의를 입은 채로는 엎드리지 않는다.
- 필통에 코털가위를 가지고 다닌다. 코털은 물론 앞머리나 눈썹, 옷에 달린 실밥을 정리하기에 좋다.
- 교복 셔츠는 여러 벌 사서 매일 빨고 다린다. 다린 옷은 살에 닿는 감촉이 새 옷 같아서 아침에 기분이 좋다. 이건 석우 엄마가 항상 하신 말씀이기도 하다.
- 비누, 스킨, 로션은 천연 제품을 쓴다. 여드름에 좋은 건 화학

성분이 없는 천연 제품이다. 외출할 때 선크림이나 비비크림을 발랐다면 집에 돌아와 바로 씻는다.

맺음말

"아무것도 하지 않으려는 아들과 어떻게든 아이에게 뭐라도 시키려는 엄마 사이에서 항상 문제가 생깁니다. 가족간의 관계가 점점 깨지고 있는 상황에서 집안의 평화를 위해 아빠인 제가 할 수 있는 일은 무엇일까요? 아이와 엄마를 도와주고 싶은데 방법을 전혀 모르겠습니다."

최근 중1 아이의 아버지가 보내온 상담 요청 글이다. 이 엄마는 얼마나 답답할 것이며, 그걸 지켜보는 아빠의 속은 또 어떻겠는가. 사춘기 자녀와 함께 사는 것은 겪어보지 못한 사람은 모르는 고단함이 뒤따르는 일이다.

그래도 부모이고 어른이니 화를 참아야 하고 어떤 상황이든 좋은 결론을 내도록 이끌어야 한다. 집집마다 벌어지는 상황들이 다르겠지만 책 속의 내용을 통해 '그래 이렇게 해보자'라는 힌트를 얻었다면 저자로서 더 이상 바랄 것이 없겠다.

아이들이 학교를 다니며 공부를 하는 모습은 참으로 평화로워 보인다. 그 외형을 지탱하는 힘은 어디서 생길까? 바로 가정에서 얻는다. 그간의 성장 과정과 부모에게서 자주 들은 말들, 매일 먹는 밥 등이 아이의 현재를 만들어온 것이다.

부모의 역할이 중요함은 더 말할 필요가 없다. 그렇다고 부담에 휩싸이지는 말자. 어떤 부모든 내 아이에게 가장 적절한 상대이기 때문이다. 부모의 부족함마저도 내 아이에게는 유익함이 될 터이니 부모는 그 자체로 이미 완벽한 양육자다. 게다가 조금 더 나은 부모가 되기 위한 구체적인 방법을 알고자 이 책을 보았을 정도라면 충분히 훌륭하다.

즐거운 마음으로 나와 아이를 살피자. 맛있는 걸 먹든 잠을 푹 자든 아이가 편안하게 웃는 것이 먼저다. 그래야 대화가 가능하고 주고 싶은 좋은 것들을 줄 수 있다. 중1은 공부가 중요해지는 시기이기도 하지만 바르고 즐거운 생활이 먼저임을 늘 기억하자.

책 한 권을 통틀어 꼭 강조하고 싶은 몇 가지를 정리하며 마치려 한다. 끝까지 이어지는 저자의 잔소리를 애정으로 받아주길, 그리고 책을 읽으며 떠오른 생각들을 다시 정리해보길 바란다.

- 부모가 힘들면 아이가 바로 보이지 않는다. 엄마의 몸과 마음을 먼저 챙기자.

- 좋은 선생님과 좋은 친구만 만날 수는 없는 일. 입학 후 겪는 다양한 인간관계에서 스트레스를 받지 않으려면 긍정적인 생각과 높은 자존감이 필요하다. 학기 초에는 특별히 아이의 편안한 정서를 위해 노력하자.
- 학교생활을 대충 하는 아이는 일상생활도 형편없다. 교과 공부뿐만 아니라 임원 활동, 학교 행사 등 학교의 모든 일에 적극적으로 참여하며 애정을 갖도록 지도하자.
- 중1은 구체적인 직업이나 학과 등으로 꿈을 확정하기에는 이른 시기다. 확실치 않더라도 아이가 자신의 미래에 큰 기대를 걸고 있다면 걱정 말자.
- 중학생이 된 후 아이가 변한 것처럼 보인다면 폭발적인 두뇌 성장의 증거라 여겨야 한다. 급격한 성장으로 아직 속이 채워지지 않아 그런 것이니 걱정 말자. 아이의 내면이 채워지려면 시간이 필요하다. 부모는 그 시간 동안 신뢰와 격려를 충분히 해주는 것으로 역할을 다하자.